제자 배가의 원리

웨일론 무어

TO KNOW CHRIST AND TO MAKE HIM KNOWN

네비게이토 선교회는
국제적이며 복음적인 기독교 기관이다.
예수 그리스도께서는 자기를 따르는 자들에게
"너희는 가서 모든 족속으로 제자를 삼으라"
(마태복음 28:19)는 지상사명을 주셨다.
네비게이토 선교회는 세계 모든 국가에서
예수 그리스도의 일꾼들을 배가시켜
이 지상사명의 성취를 돕는 것을
근본 목표로 하고 있다.

네비게이토 출판사는
네비게이토 선교회의 문서 선교를 담당하고 있다.
본 출판사에서는 그리스도인의 영적 성장을 돕는
서적과 자료들을 출판하여,
그리스도인의 삶의 기초가 견고한
헌신된 제자로 성장하게 하고,
나아가 성숙한 인격과 지도력을 갖춘
일꾼이 되도록 돕고 있다.

MULTIPLYING DISCIPLES

THE
NEW TESTAMENT METHOD FOR CHURCH GROWTH

WAYLON B. MOORE

Translated by permission
Title originally published in English as
**Multiplying Disciples: The New
Testament Method for Church Growth**
by NavPress, a ministry of The Navigators,
USA © 1981 by Waylon B. Moore.
Korean Copyright © 1982 by Korea NavPress

차 례

추천의 말 7
머리말 9
감사의 말 13

제 1 부 -
도전 : 온 세상으로 나아가야 할 사명
제 1 장 당신도 다른 사람들을 통하여 배가할 수 있다 17

제 2 부 -
방법 : 제자의 배가
제 2 장 제자의 삶 25
제 3 장 제자를 세우는 이유 33
제 4 장 성경에 나오는 영적 배가의 예 45
제 5 장 제자삼는 사역의 시발점 53

제 3 부 –
과정 : 배가하는 제자들을 어떻게 세워 줄 것인가?
제 6 장 배가하는 제자삼는 자의 영적 자질들 67
제 7 장 종의 마음 75
제 8 장 제자와 함께하는 삶 91
제 9 장 부모의 마음 103
제 10 장 본을 보이는 자 129

제 4 부 –
실행 : 즉각적인 출발
제 11 장 배가하는 지도자 후보생의 선발 145
제 12 장 오늘 당신의 교회에서부터 시작하십시오 155
제 13 장 누구든지 배가할 수 있다 169

부 록 179

추천의 말

몇 년 전에 일련의 모임에 참석하기 위해서 플로리다에 있는 어떤 교회에 가본 적이 있었는데, 그 교회는 보통 교회와 달랐습니다. 새신자들에 대한 즉각적인 상담은 내가 지금까지 보아 온 어느 교회보다도 더욱 철저했으며, 새로 나온 사람들을 위해 마련한 분반공부도 내가 관찰해 본 바로는 매우 효과적으로 운영되고 있었습니다. 무엇보다도, 그 교회에는 능력 있는 영적 지도자의 자격을 잘 갖춘 일단의 평신도들이 있어서, 이들이 다른 사람들을 무장시키는 주요 임무를 맡고 있었습니다. 그 교회의 목사님이 바로 이 책의 저자인 웨일론 무어입니다.

저자는 영적 지도자의 양육과 철저한 일대일 훈련에 중점을 두어 금세기 제자삼는 사역을 시작한 개척자 중의 하나라고 할 수 있습니다. 이 책은 미국뿐만 아니라 세계 여러 나라에서 제자 배가의 비전을 수행해 온 저자의 뜻을 그대로 전하고 있습니다.

  이 책 "제자 배가의 원리"의 가장 뚜렷한 특징은 성경 말씀에 그 기초를 두고 있는 점이라 하겠습니다. 이런 주제에 관하여 성경에 기초를 둔 책이라면, 전도와 제자의 도를 적절하게 조화시켜야 하는데, 본서는 이 두 가지를 다 선명하게 보여 주고 있습니다. 교회가 제자들을 밖으로 내보낼 때 교회는 새신자들을 안으로 맞아들이게 됩니다. 저자는 잃어버린 바 된 세상에 복음을 들고 효과적으로 뚫고 들어갈 헌신된 그리스도인들을 불러일으키는 것이 바로 제자 삼는 사역의 목표라고 생각하고 있으며, 이 책을 통하여 지역교회에서 제자삼는 사역을 시작할 수 있도록 도와주고 있습니다.

  제자의 도를 다룬 책은 실제 경험자가 아니면 쓸 수가 없습니다. 이 놀라운 책은, 오랜 기간 동안 실제로 경험해 온 내용들을 기록한 저자의 역작입니다. 저자는 독자들이 삶 가운데서 전도, 양육, 지도자 훈련에 대한 비전을 갖도록 하고 그에 따른 실천이 이루어지도록 돕는 데 목표를 두고 있습니다. 이 책은 주님의 지상사명에 온전히 순복하여 헌신된 사람들에게 매우 유익한 길잡이가 될 것입니다.

로이 J. 피쉬
(사우스웨스턴 침례교 신학교 교수)

머리말

성령의 새로운 숨결이 북미와 전 세계 여러 나라에 걸쳐 수많은 사람들의 가슴속에서 역사하고 계십니다. 새로운 형태의 선교 방법들이 시도되고 있으며 점차 성공을 거두고 있습니다. 교회사를 통하여 금세기만큼 많은 사람들이 그리스도에 대한 믿음을 고백한 적이 없습니다.

그러나 지역교회 내에서의 영적인 삶의 질은 불행하게도 여전히 의문 가운데 있어서 수많은 사람들이 그리스도 안에 있는 풍성한 삶을 경험하지 못하고 굶주려 있습니다.

현대 사회에서는 개인의 가치와 존엄성이 정치적, 사회적으로도 재발견되어 왔으며, 소수자 집단까지도 새로운 자유를 획득하게 되었습니다. 각처의 교회 지도자들도 소그룹을 통하여, 특히 일대일 제자 훈련을 통하여 효과적인 영적 배가를 이루기 위한 커다란 가능성을 바라보기 시작했습니다.

전도와 교회 성장에 대한 열정을 가진 사람들은 세 가지 도전에 직면하게 됩니다.

첫째, 지역교회에 새로 나온 사람들에게 상담을 통하여 그들의 신앙 상태를 점검하고 분명한 구원의 확신을 갖고 누리도록 도와주기 위한 근본적인 대책이 있어야 합니다. 너무나도 많은 사람들이 영적인 활기가 없이 주일이면 교회에 나와 자리나 메우고 있는 것이 우리의 안타까운 현실입니다.

둘째, 지역교회 내에 들어온 모든 새로운 교인들을 책임지고 양육하며 생명력 있는 교제 가운데로 이끌 수 있는 새로운 대책이 있어야 합니다. 이 새로운 교인들이 개인적으로 경건의 시간, 성경공부 등을 통하여 스스로 말씀을 섭취하고 자신의 믿음을 증거하는 삶을 습관화할 수 있도록 도와주는 것은 필수적입니다.

셋째, 각 교회는 제자삼는 사역을 통한 책임감 있는 지도자 훈련에 주력함으로써 또 다른 "추수할 일꾼들"을 세워 줄 수 있는 영적 배가자를 길러내야 합니다.

세 대륙에서 온 경험 많은 선교사들이 내게 이런 말을 한 적이 있습니다. "우리의 지도자 훈련은 20년 내지 40년이 뒤쳐져 있어서, 현재로서는 새신자의 폭발적인 증가를 감당해 낼 도리가 없습니다. 신학교와 성경학교에서 현재의 방법만으로는 늘어나는 새신자들을 가르칠 수 있는 지도자들을 그만큼 빨리 배출시킬 수가 없습니다."

그러나 목사나 선교사 한 사람이 개별적으로 한두 명의

제자로 더불어 일대일 사역을 시작하면 배가의 과정은 매우 빠른 속도로 이루어질 수 있습니다. 불행히도 오늘날 사용되는 훈련 방법의 대부분은 교실, 분반 그룹, 또는 전체 집회를 맴돌고 있습니다. 이러한 대규모 훈련반과 일대일 방법에 균형을 맞추는 일이 절대적으로 필요합니다. 다른 사람을 제자삼기 위해서는 자기 삶을 투자해야 합니다. "형제들을 위하여 목숨을 버리는 것"(요한일서 3:16)이 일주일에 한두 시간 일대일 교제를 가져 주는 정도는 아닌 것입니다.

나의 첫 번째 책인, 새신자 양육의 원리와 방법(New Testament Follow-Up, 요단출판사 발행)에서 나는 지역 교회 내에서 상담 및 양육을 시작하기 위한 몇 가지 실질적이며 실제 경험에서 나온 성서적인 개념들을 소개하였습니다.

이 책은 "추수할 일꾼들"을 배가할 수 있는 지도자를 세우기 위해 필요한 훈련 전반에 대하여 다루고 있습니다.

나는 영적 배가의 성서적 원리들이 몇몇 교회에서 적용되는 것을 보고 격려를 받아 그 원리들을 더 많은 사람들과 나누게 되었습니다. 세 가지 사항이 배가의 핵심에 자리 잡고 있습니다. 제자삼을 자를 위하여 하나님께 기도하는 것, 그가 그리스도 안에서 가진 잠재 능력이 온전히 계발되어 성장하도록 돕는 것, 그리고 그의 필요를 채우는 데 유용한 사람이 되는 것입니다. 내가 30년 동안의 사역 기간에 수행했던 어떤 일도 한 사람 한 사람으로 하여금 '그리스도 안에서 완전한 자'가 되도록 헌신적으로 도왔던 것만큼 효과적인 것은 없습니다. "우리가 그를 전파하여 각 사람을 권하고, 모든 지혜로 각 사람을 가르침은, 각 사람을 그리스도 안에서 완전한 자로 세우려 함이니, 이를 위하여 나도 내 속에서 능력으로 역사하시는 이의 역사를 따라 힘을 다하여 수고하노라"(골로새서 1:28-29). 지역교회 내에서 제자를 배가하기 원하는 여러분에게 삼가 이 책을 권하는 바입니다.

웨일론 무어

감사의 말

계속적인 격려를 아끼지 않은 나의 아내 클레미, 믿음으로 기다려 준 에버리와 스티브, 또한 몇 년 동안이나 신실하게 함께해 준 친구들에게 특별히 감사드립니다. 또한 편집을 맡아 훌륭히 마쳐 준 몬티 엉거, 몇 가지 아이디어들을 도표로 나타내는 데 도와준 데이비드 터커에게도 감사드립니다.

14   제자 배가의 원리

제 1 부

도전:
온 세상으로 나아가야 할 사명

제 **1** 장

당신도 다른 사람들을 통하여 배가할 수 있다

> "하나님의 위대한 사람들은
> 모두 연약한 자들이었지만
> 함께하시는 하나님을 의지함으로써
> 하나님을 위해 위대한 일을 해냈다."
> -허드슨 테일러

당신 자신은 지금 영적 배가를 시작할 수 있으며, 이것은 당신 세대뿐만 아니라 다음 수세기에까지도 뻗칠 수 있는 역동적인 사역이 될 것입니다. 영적 배가는 온 세상에 가서 제자를 삼으라는 그리스도의 지상사명(마태복음 28:18-20)을 수행하기 위해 당신이 해야 할 일인 것입니다.

이 책은 바로 그와 같은 내용을 다루고 있습니다. 즉 그리스도를 위하여 온 세상에 나아갈 궁극적인 목표를 가지고, 제자삼는 과정을 통하여 영적 배가를 이루는 일입니다. 이것은 누구든지 어느 곳에서나 할 수 있는 일이지만, 시작하기에 가장 좋은 장소는 당신의 지역교회입니다.

1800년대의 주일학교에서 제자삼는 일을 시작했던 주일학교 교사 에드워드 킴볼의 예를 생각해 봅시다. 그의 사역의 결과는 1980년대의 바로 오늘날 우리들에게까지 미치고 있습니다. 사실 당신은 어쩌면 킴볼이 이룩한 영적 배가의 직접적인 열매인지도 모릅니다.

에드워드 킴볼은 주일학교 자기 반에 출석하고 있는 모든 잃어버린 바 된 영혼들에게 헌신적으로 복음을 전했습니다. 그는 농촌에서 갓 올라와 근처의 구둣방에서 일하기 시작한 한 시골뜨기 아이를 볼 때 특별히 마음에 짐을 느꼈습니다. 어느 날 킴볼은 그 가게를 방문하여 뒤편 골방에서 그 소년에게 그리스도를 개인의 구주로 영접할 것을 강권했습니다.

후에 킴볼은 그 소년에 대해 이렇게 회상했습니다. "그가 주일학교 우리 반에 들어왔을 때, 그보다 마음이 영적으로 더 어두운 사람은 세상에 없을 듯했고, 분명히 마음을 정한 그리스도인이 되는 데 그 소년보다 더 힘들 사람은 없을 것 같았다. 그가 대중 사역에 사용되리라고는 꿈에도 생각지 못했었다."[1] 그러나 바로 이 소년 드와이트 L. 무디는 현대적인 대중 전도의 개척자로서, 또한 북미와 유럽에서 수백만의 영혼들을 감명시킨, 성령의 기름부음을 받은 전도자로 알려지게 되었습니다.

사실상 킴볼의 영적 배가의 연쇄가 힘 있게 뻗어 나가게 된 것은 영국에서 있었던 무디의 전도대회 기간 중이었습니다. 영국의 목사들 중에는 이 불같은 내객이 복음 전하러 오는 것을 반대한 사람이 하나 둘이 아니었습니다. 그중 한 사람인 F. B. 마이어 목사 같은 이는 이 교육받지 못하고 무뚝뚝한 전도자의 투박함 때문에 도무지 마음이 끌리지 않았습니다. 그러나 그도 자기 교회의 주일학교 교사인 두 부인으로부터, 주일학교 자기 반의 학생들을 모두 그리스도께로 인도했다는 무디의 간증에 큰 감명을 받았다는 말을 듣고 마음이 누그러졌습니다.

이 두 부인은 곧 그들이 맡은 반의 모든 영혼들에게 복음을 전했습니다. 이 두 부인의 헌신을 통하여, 마이어 목사는 성령으로 새롭게 되어 마음을 다해 열정적으로 무디의 전도 집회에 함께했습니다.

무디는 후일 마이어 목사를 미국으로 초청했습니다. 마이어와의 성경공부를 통해 깊은 영향을 받은 사람 중에 J. 윌버 채프먼이라는 열정적인 젊은 설교자가 있었는데, 그도 방법을 바꾸어 복음 전파의 사역에 뛰어들게 되었습니다.

채프먼도 사람들을 그리스도께로 이끄는 데에 전 세계에 걸쳐 하나님의 쓰임을 받긴 했지만, 킴볼이 시작한 배가의 연쇄를 계속해 나갔던 사람은 전 Y.M.C.A 사무원이었다가 채프먼의 전도 집회에서 선도적 역할을 맡던 빌리 썬디라는 사람이었습니다.

썬디는 북미 전역에 복음을 전하여 엄청난 수확을 거두었습니다. 노스캐롤라이나의 샬롯트에서 있었던 그의 전도 집회에서 얻어진 몇 명의 새로운 그리스도인들이 기도 모임을 만들었는데, 그들은 수년 동안, 하나님께서 샬롯트의 사람들을 통하여 전도 사역을 계속하시도록 기도했습니다. 이 기도 모임의 참가자들은 성령의 인도하심을 따라 시 전역에 걸친 전도 집회를 계획했습니다. 그들은 카우보이 출신 전도자인 모르드개 함을 강사로 초청했습니다. 그 중 한 집회에서는 그리스도께로 돌아온 사람 중에 10대 소년 소녀도 몇 명 있었는데, 바로 이들 중에 빌리 그래함이라는 소년도 끼어 있었습니다.

에드워드 킴볼이 1800년대에 그의 지역교회 내에서 겸손히 노력한 결과로 계속된 연쇄적인 제자 배가를 통하여 그리스도께 돌아온 사람들의 실제 숫자는 하나님만이 아실 것입니다.

그리스도께서는 우리가 영적으로 배가하는 제자가 되도록 부르셨습니다. 배가는 우연히 되는 것이 아니라 성서적 원리들을 깨달아 적용할 때라야 얻을 수 있는 결과입니다. 이 책은 당신이 평신도이든, 목사이든, 그리고 현재 무슨 일을 맡고 있든, 제자삼는 사역을 통해 다음 수많은 세대에 걸쳐서 배가할 수 있도록 돕기 위해 썼습니다. 당신이 각 사람들의 삶에 투자하고 다음에는 그들이 다른 사람들에게… 그들은 또 다른 사람들에게… 이렇게 계속되어 나가게 될 때 이 사역이야말로 주님께서 다시 오시는 그날까지 지속될 것입니다.

당신은 지금 당신의 교회에서 이 일을 시작할 수 있습니다!

연구와 토론을 위한 질문

1. 당신은 세심한 관심과 계획을 가지고 사람들을 영적으로 도와주었을 때 그들이 변화되고 그리스도께 헌신하는 것을 본 적이 있습니까? 당신 자신의 경험이나 관찰 또는 책을 통하여 본 몇 가지 영적 배가의 실례를 토론해 보십시오.

주:

1. A. P. Fitt, *The Life of D. L. Moody* (Chicago: Moody Press, n.d.), page 23.

22　제자 배가의 원리

제 2 부

방법:
제자의 배가

제 2 장

제자의 삶

> "구원은 거저 얻는 것이지만,
> 제자가 되기 위해서는
> 우리가 가진 모든 것을 지불해야 한다."
> —빌리 그래함

제자란 그의 삶이 그리스도의 삶과 유기적으로 긴밀하게 연결된 사람들을 가리켜 예수 그리스도께서 즐겨 쓰시던 말이었습니다. 제자에 해당하는 헬라어는 mathetes인데 복음서와 사도행전에 269번이나 쓰였으며, "가르침받은" 또는 "훈련된" 사람이란 의미입니다.

예수님은 요한복음에서 제자라는 말을 세 가지 면에서 정의하고 있습니다.

첫째, 제자는 지속적으로 하나님의 말씀에 착념하는 그리스도인입니다. "그러므로 예수께서 자기를 믿은 유대인들에게 이르시되, 너희가 내 말에 거하면 참 내 제자가 되고"(요한복음 8:31). 성경은 단순한 책 훨씬 그 이상의 것입니다. 성경은 일상생활을 위한 믿을 만한 안내자입니다.

예수님께서 가르쳐 주셨듯이 우리는 말씀을 지속적으로 적용함으로써 진리를 깨닫게 되고, 이 진리 안에서 자유를 누릴 수 있게 됩니다(요한복음 8:32 참조).

둘째, 제자는 다른 사람을 위하여 자기 목숨을 버리는 사람입니다. "새 계명을 너희에게 주노니, 서로 사랑하라. 내가 너희를 사랑한 것같이 너희도 서로 사랑하라. 너희가 서로 사랑하면 이로써 모든 사람이 너희가 내 제자인 줄 알리라"(요한복음 13:34-35).

그런데 이 사랑이란 어떤 것입니까? 그것은 단순히 선을 행하는 것 훨씬 그 이상의 것입니다. 요한복음 15:13에서 예수님은 말씀하십니다. "사람이 친구를 위하여 목숨을 버리면 이에서 더 큰 사랑이 없나니." 이 말씀은 사랑의 훨씬 더 깊은 의미를 보여 줍니다. 즉, 제자는 인기를 얻지 못해도, 오해를 받아도, 홀로 배척을 당해도, 고난을 당해도 사랑을 잃지 않습니다. 사랑은 무조건적입니다.

예수님은 무조건적 사랑으로 제자들의 마음을 얻었습니다. 그의 사랑은 자기가 훈련시키고 있는 사람들에게 가장 좋은 것이 무엇인가를 찾는 데 항상 관심을 집중했습니다. 우리가 형제들을 사랑하려면 그들의 가장 깊은 필요를 희생적으로 채워 주어야 합니다. 사랑받던 제자 요한은 다음과 같이 말했습니다. "그가 우리를 위하여 목숨을 버리셨으니 우리가 이로써 사랑을 알고 우리도 형제들을 위하여 목숨을 버리는 것이 마땅하니라"(요한일서 3:16). 예수님은 제자의 한 특성을 다른 믿는 사람들을 사랑하는 것으로 정의하십니다. 사람들은 우리의 서로 사랑하는 모습을 볼 때에야 비로소 우리의 삶 속에 계신 그리스도를 볼 수 있습니다.

그러나 이것은 흔히 말하는 그런 사랑이 아닙니다. 다른 사람들을 위해 "우리 목숨을 버림"으로써 어떤 것들에 대하여는 죽어야 하는 것을 뜻합니다. 때로는 어떤 권리마저도 포기해야 합니다. 우리는 다른 사람을 더 잘 사랑하기 위해서 돈과 시간 그리고 소유물을 희생해야 할 것입니다. 오늘날 교회에서 이러한 사랑이 가능한 것은 "성령으로 말미암아 하나님의 사랑이 우리 마음 가운데 부은 바"(로마서 5:5) 되었기 때문입니다.

셋째, 제자는 매일 그리스도와 연합하여 열매 맺는 삶을 사는 사람입니다. 예수님은 말씀하셨습니다.

> 내 안에 거하라. 나도 너희 안에 거하리라. 가지가 포도나무에 붙어 있지 아니하면 절로 과실을 맺을 수 없음 같이 너희도 내 안에 있지 아니하면 그러하리라. 나는 포도나무요 너희는 가지니, 저가 내 안에, 내가 저 안에 있으면 이 사람은 과실을 많이 맺나니, 나를 떠나서는 너희가 아무것도 할 수 없음이라(요한복음 15:4-5).

열매라는 말은 성경에서 여러 가지로 사용됩니다. 이 구절 말씀은 갈라디아서 5:22-23에 기록된 성령의 열매라기보다는 우리가 그리스도와 연합할 때 나타나는 열매에 대하여 더욱 잘 보여 주는 것 같습니다. 이것은 요한복음 15:8에 좀 더 설명되어 있습니다. "너희가 과실을 많이 맺으면 내 아버지께서 영광을 받으실 것이요 너희가 내 제자가 되리라."

그러므로 그리스도의 제자는 그와 연합한 삶을 통하여 열매를 맺는 사람입니다. 요한복음 17장에 기록된, 제자들을 위한 예수 그리스도의 기도에서 요한복음 15장에서 말한 열매란 사람들임을 보여 줍니다. "내가 비옵는 것은 이 사람들만 위함이 아니요 또 저희 말을 인하여 나를 믿는 사람들도 위함이니"(요한복음 17:20).

예수님의 가르침은 열매가 계속적으로 남아 있어야 할 것을 강조하고 있습니다. "너희가 나를 택한 것이 아니요 내가 너희를 택하여 세웠나니, 이는 너희로 가서 과실을 맺고 또 너희 과실이 항상 있게 하여 내 이름으로 아버지께 무엇을 구하든지 다 받게 하려 함이니라"(요한복음 15:16).

우리가 그리스도와 연합된 삶을 살 때라야 다른 사람들을 구원할 수 있습니다. 나무가 수액(樹液)으로 가득 차 더 이상 간직하고 있을 수 없을 때, 결과는 열매로 되어 나타납니다! 한 그리스도인이 그리스도로 충만해 있을 때, 다른 사람들이 그를 보고 그에 대해 듣게 되고, 마침내 그를 믿음으로 영적으로 거듭나게 됩니다. 하나님의 자녀가 되고, 하나님의 나라의 백성이 됩니다. 이렇게 새로이 믿게 된 이들은 참된 제자의 삶에 나타나는 한 열매입니다. 그저 조용히 앉아서도 내적인 성령의 열매를 맺을 수는 있겠지만 여기서 그치지 않고 예수님은 우리들에게 "가서 열매를 맺으라"고 말씀하십니다.

"추수할 것은 많되 일꾼은 적으니, 그러므로 추수하는 주인에게 청하여 추수할 일꾼들을 보내어 주소서 하라 하시니라"(마태복음 9:37-38). 세상은 일꾼들(제자들), 곧 그리스도 안에 거하여, 매일 말씀을 생활에 적용하여 순종하고 잃어버린 영혼들에게 효과적으로 복음을 전하며, 교회의 모든 형제 자매들에게 그리스도의 사랑으로 행하는 사람들을 절실히 필요로 하고 있습니다. 이와 같은 사람들을 통해서 우리는 저 무르익은 추수 터인 온 세상에 널리 복음이 전파되도록 기여할 수 있습니다.

제자의 조건

예수님은 누가복음 14장에서 자기를 따르는 사람들에게 몇 가지 구체적이고 실제적인 제자의 조건에 대해서 말씀하셨습니다. 누가복음 14:26 말씀에서는, 제자는 부모나 가족보다도 예수님을 더 사랑해야 된다고 말씀하십니다. 또한 제자는 자기 목숨보다도 주님을 더 사랑해야 된다고 가르쳐 주십니다. "누구든지 자기 십자가를 지고 나를 좇지 않는 자도 능히 나의 제자가 되지 못하리라"(누가복음 14:27).

당신은 예수님의 제자가 되기 원하십니까? 그렇다면 그 십자가를 져야 합니다. 그 십자가는 우리의 자아를 죽이는 도구로서 우리가 매일 짊어져야 합니다. 참된 제자의 조건은 성경 말씀에 나타난 하나님의 뜻에 헌신하는 태도, 즉 삶 가운데 일어나는 모든 일을 하나님의 손길로부터 온 것으로 여기는 태도를 요구합니다. 우리는 땅의 것들에 집착하지 말고 주님의 큰 뜻을 위하여 땅의 것들을 버려야, 즉 십자가를 져야 합니다.

그리스도 중심의 삶을 살았던 선교사 바울은, 자기 피로써 우리의 주님이 되실 권리를 사신 그리스도께 헌신되어야 할 것을 깨달았습니다. "저가 모든 사람을 대신하여 죽으심은 산 자들로 하여금 다시는 저희 자신을 위하여 살지 않고 오직 저희를 대신하여 죽었다가 다시 사신 자를 위하여 살게 하려 함이니라"(고린도후서 5:15). 우리의 삶과 사역에서 그리스도께서 드러나셔야 합니다.

A. W. 토저는 그리스도와 함께 십자가에서 못 박힌 사람은 세 가지 특성이 있다고 말했습니다. "그는 자신의 계획이 없고, 한 방향으로만 바라보며, 내려오지 않습니다."[1]

우리가 매일 그리스도와 생명력 넘치고, 활력 있는 교제를 즐기고자 한다면, 그 대가도 마땅히 치러야 합니다. 곧 개인적인 훈련이 필요합니다. 어쩌면 외로움이 따를지도 모릅니다. 또는 우리의 꿈과 계획을 십자가에 못 박고, 우리 안에 거하시는 그리스도의 생명을 힘입어 영광스런 생명의 부활로 나아가는 삶을 살 때, 사람들 사이에 인기가 없을지도 모릅니다. 많은 그리스도인들이 그리스도와 동일시하여 십자가를 지는 목표를 향하여 나아가지만 너무도 성급히 그만둡니다. "데마는 이 세상을 사랑하여 나를 버리고…"(디모데후서 4:10). 이 말씀은 전도 여행을 출발했다가 너무도 일찌감치 포기한 한 제자에 관하여 바울이 기록한 내용입니다.

그리스도께서는 자기만이 우리 삶의 유일한 초점이 되어야 한다고 주장하십니다. "이와 같이 너희 중에 누구든지 자기의 모든 소유를 버리지 아니하면 능히 내 제자가 되지 못하리라"(누가복음 14:33). 주님 되신 그리스도께 다시 돌이키지 않는 헌신을 하는 것은 성서적인 제자의 도의 필수 요건이지만, 그것만으로 충분한 것은 아닙니다. 이 헌신은 매일 새로워져야 합니다.

제자의 도에 관한 이러한 성서적 정의들에 비추어, 당신의 그리스도와 동행하는 삶을 재평가해 보십시오. 왜냐하면 다른 사람을 제자로 삼으려면 먼저 당신 자신이 제자가 되어야 하기 때문입니다.

연구와 토론을 위한 질문

1. 예수님이 요한복음에서 제시하신 제자에 대한 세 가지 정의를 당신 자신의 말로 써보십시오.

2. 예수님께서는 누가복음 14:26-34에서 자신의 제자가 되기 위해서는 모든 것을 버려야 한다고 하셨습니다. 이 구절의 핵심 내용을 요약해 보십시오.

3. 오늘날 그리스도의 제자의 특징이라 생각되는 몇 가지를 열거해 보십시오.

4. 누가복음 14장에서 말하는바 예수님을 따르는 것과 누가복음 15장에서 잃었던 귀한 물건을 찾는 내용과의 관련성에 대해 토론해 보십시오.

5. "모든 구원받은 사람은 그리스도의 제자이다"라는 개념을, 그리스도의 제자에 대한 정의(즉 "복음서에 나타난 성서적 자질들을 갖춘 사람")와 연관지어서 토론해 보십시오.

주:
1. A. W. Tozer, from a lecture at Christian Missionary Alliance Church, Chicago, Illinois, 1957.

제 3 장

제자를 세우는 이유

> "당신은 한 사람의 필요를 채우기 위해서
> 오천 명을 위한 설교를 준비할 때만큼
> 많은 시간을 들이겠는가? 당신은 한 사람의
> 잠재력을 얼마나 믿고 있는가?"
> —K. 브루스 밀러

제자를 세우는 것에 대하여는 적어도 세 가지의 성경적 선례가 있는데, 곧 구약성경에 나타난 예와 예수님께서 대중 및 개인 사역을 통해 제자를 삼았던 예입니다.

구약성경의 예

하나님께서 당신에게 나누어 주시는 것을 당신이 또 다른 사람에게 나누어 주는 개념은 아주 오래 전으로 거슬러 올라갑니다. 모세는 그의 마음과 삶을 여호수아에게 개방하여 함께 나누었습니다. 함께 나누는 것이 모세 자신의 방법은 아니었습니다. 신명기 3:28을 보면 하나님께서는 모세에게 명령하셔서 여호수아와 함께 삶을 나눔으로써 그를 가르칠 수 있도록 이끌어 주셨습니다. "너는 여호수아에게 명하고 그를 담대케 하며 그를 강경케 하라. 그는 이 백성을 거느리고 건너가서 네가 볼 땅을 그들로 기업으로 얻게 하리라."

그래서 모세는 하나님께서 자기에게 가르쳐 주시는 모든 것을 그의 수종자 여호수아에게 쏟아 주었습니다. 이것은 여호수아에게 관찰과 대화를 통하여 배울 수 있는 개인적인 시간을 많이 할애해 주는 것을 의미했습니다. 하나님의 종 모세는 여호수아를 계발시켜 하나님의 종이 되게 하는 통로가 되었습니다.

하나님께서는 왜 모세에게 명하여 수천 명을 상대로 사역하는 것을 떠나 단 한 사람에게 집중하도록 하셨겠습니까? 우리는 대개 하나님의 뜻에 전폭적으로 순복하는 한 사람의 삶에 있는 잠재력을 보기보다는 많은 사람들을 무더기로 대하여 그 필요를 바라보는 경향이 있습니다. 샘 슈메이커는 다음과 같이 말한 적이 있습니다. "인간은 일괄적으로 대량생산되는 제품이 아니라, 한 사람 한 사람씩 깎아 만드는 작품이다."[1]

엘리야도 젊은 선지자들을 위한 학교를 세워 제자들을 가르치고 있었습니다. 이 일단의 사람들을 통하여 하나님께서는 이스라엘의 부흥을 가져오실 수도 있고 심판을 내리실 수도 있었습니다. 그들 중에 엘리사와 같은 한마음으로 따르는 젊은이가 있었습니다. 놀랍게도 엘리사는 엘리야에게, 엘리야의 영감이 자기에게 갑절이나 있기를 구했습니다. 그는 엘리야를 통하여 하나님께서 나타내신 이적과 권능을 보았습니다. 엘리야를 통해 훈련을 받고 비전을 함께 나눔으로써 엘리사는 하나님께 엄청난 것을 구하는 법을 배웠습니다.

구약에는 이 밖에도 한 사람이 그 삶을 다른 사람에게 투자한 예가 많이 있습니다. 다윗과 그를 따른 용사들, 각 지파 족장들의 자녀 교육, 자녀들을 가르쳐 그들도 후손에게 가르치도록 아비들에게 주신 구체적인 명령(신명기 4:9, 6:6-7 참조) 등. 이렇게 스승-제자의 관계에 초점을 맞춰볼 때 이것은 신약에서 제자삼는 사역의 초석이 되었음을 알 수 있습니다.

예수님의 대중 사역

예수님은 다음 네 가지 기본적인 방법을 통하여 광범위한 대중 사역을 이루셨습니다.

설교. 무리들은 예수님의 말씀을 통하여 하나님의 나라에 대하여, 종교적 위선에 대하여, 그리고 하나님의 성품에 대하여 들었습니다. 그는 전통이라는 체제 속에 사장되었던 구약성경의 개념들을 새롭게 밝혀 주셨습니다. 그는 율법주의를 뛰어넘어 궁극적인 진리들을 보여 주셨습니다. 그가 사랑과 권위를 가지고 설교하실 때 "백성들이 즐겁게 들었습니다"(마가복음 12:37).

가르침. 그의 가르침은 이전의 누구와도 비길 데 없었습니다. 그는 갈릴리 바다를 굽어보는 언덕 기슭에서 무리들에게 가르치셨고, 마을에서는 몇몇 사람들에게 그들의 집에서 가르치셨으며, 의아해하는 사람들, 헌신된 사람들에게도 가르치셨습니다. 그는 삶의 실체를 비추어 주는 비유를 통하여 꾸밈없이 순수한 그대로 진리를 보여 주셨습니다. 예수님께서 현대 학자들이 꼽고 있는 10가지 교수 방법을 모두 사용하여 가르치신 것은 놀랄 만한 일이 아닙니다.[2]

병 고침. 고침을 받지 못한 채 예수님 곁을 떠난 사람은 아무도 없었습니다. 한번은 많은 사람이 예수님 주위에 모여들었습니다. "온 무리가 예수를 만나려고 힘쓰니 이는 능력이 예수께로 나서 모든 사람을 낫게 함이러라"(누가복음 6:19). 병원도 없고 보험도 없던 세상에서 사람들은 위대한 의사를 발견하고는 그에게 떠나지 말라고 간구했습니다.

이적. 군중들은 주님께서 문둥병자를 고치시고, 소경에게 빛을 주시며, 무리를 먹이시고, 죽은 자를 일으키실 때 그를 따라다니며 함께했습니다. 그가 폭풍우를 잔잔케 하시자 제자들은 두려워했습니다. 곧 이어 고요한 중에 예수님께서 안개 자욱한 물위를 걸어서 그들이 타고 있던 배를 향해 다가오시는 것을 보았습니다.

역사적으로 교회는 예수님의 대중 사역에 대해서는 본받아 실천해 왔지만, 예수님께서 개인 사역을 통해 보여 주신 본들에 대해서는 소홀히 취급한 경우가 많았습니다.

예수님의 개인 사역

예수님은 또한 전략적인 개인 사역도 수행하셨는데, 너무나 단순하여 선교의 원리로서는 간과되어 왔습니다. 그리스도께서는 강한 사명감을 갖고 그의 삶과 죽음과 부활의 소식을 모든 족속에게 가서 전할 제자들을 세우는 데 헌신하셨습니다. 그는 말씀하셨습니다.

> 하늘과 땅의 모든 권세를 내게 주셨으니, 그러므로 너희는 가서 모든 족속으로 제자를 삼아 아버지와 아들과 성령의 이름으로 세례를 주고 내가 너희에게 분부한 모든 것을 가르쳐 지키게 하라…(마태복음 28:18-20).

우리가 예수님의 전체 사역을 그대로 본받으려 한다면, 교회는 복음 전도와 아울러 초신자를 견고히 세워 주는 일을 동시에 수행해 나가야 합니다. 초신자들이 성장하게 되면 이번에는 그들이 다른 믿는 이들을 무장시키고 훈련시켜 이 사람들로 하여금 다시 또 다른 사람들을 도울 수 있도록 가르침으로써 영적으로 배가할 수 있게 됩니다. 영혼을 얻는 것이 곧 제자삼는 것은 아니지만, 제자가 다른 사람들의 삶 속에 자신을 재생산하려면 영혼을 얻는 일은 불가결한 선행 조건입니다. 복음 전파는 연쇄적인 영적 배가의 첫째 고리에 해당합니다.

세례나 행사를 지나치게 강조하거나, "질적인 유대 관

계"에만 과도한 관심을 갖는 교회라면 제자를 삼으라는 그리스도의 명령을 다시 한 번 상기해 보아야 합니다. 성경에 보면 영혼을 구원하는 것과 제자삼는 것은 불가분의 관계가 있음을 알 수 있습니다.

제자를 삼는 것은 실현 가능한 방법이다

나는 다른 사람들을 제자로 삼는 동기를 재고해 보면서, 어떻게 한 사람이 나를 돌보아 줌으로써, 즉 그가 어떠한 사랑과 관심을 가지고 하나님께로부터 배운 것을 내 삶 속에 채워 줌으로써, 나의 삶을 변화시켰는가를 회상해 보았습니다. 제자삼는 일은 어떤 교파에 속한 일이 아니며 또 누가 알아주는 일도 아닙니다. 그렇지만 그 결과는 내가 지금껏 30년 동안 사람들과 함께 일하며 경험해 온 어떤 일보다도 훌륭한 일이라고 말할 수 있습니다. 그 이유를 몇 가지 들어 보겠습니다.

제자를 삼는 일은 무한한 개인적 사역을 이룰 수 있는 가장 전략적인 방법 중의 하나입니다. 이것은 언제, 어디서나, 누구든지, 어떤 연령층의 사람 가운데서도 수행될 수 있습니다.

제자를 삼는 일은 가장 융통성 있는 사역입니다. 이것은 어떤 시간의 틀이나 기관의 조직 내에서만 이루어질 필요가 없기 때문에, 제자삼는 자는 매우 융통성 있게 일할 수 있습니다.

제자를 삼는 일은 복음 전도를 위해서 그리스도의 몸 전체를 움직일 수 있는 가장 신속하며 확실한 방법입니다. 제자삼는 사역의 목표는 단순히 더 많은 제자를 얻는 데 있지 않습니다. 왜냐하면 구원받은 영혼들로 구성된 어떤 모임도 잃어버린 세상에 효과적으로 침투해 들어가지 못하면 곧 사라질 것이기 때문입니다. 그리스도께 나아오는 사람들의 수를 배가시킬 뿐 아니라 그들의 삶을 질적으로 심화시키는 일은 제자삼는 일을 통해 이루어질 수 있습니다. 세계 어느 나라에서나 제자삼는 일은 복음 전파의 결과인 동시에 세계 복음화를 이루는 한 수단이 됩니다.

제자를 삼는 일은 다른 어떤 사역보다도 더 장기적으로 열매를 맺을 수 있는 잠재력이 있습니다. 주님께서는 우리가 주님 안에 뿌리를 박고 세움을 입어 믿음에 굳게 서기를 바라십니다(골로새서 2:7 참조). 이것은 시간과 관심이 요구되는 일입니다. 사람들에 대한 관심이야말로 가장 본질적인 요소입니다. 양육은 어떤 자료에 의해서보다는 사람에 의해서 이루어집니다.

제자삼는 일을 통해서 지역교회 내에서 그리스도 중심으로 생활하며 말씀 중심으로 일하는 성숙한 평신도 지도자를 얻을 수 있게 됩니다. 교회의 자리를 메우는 사람은 많지만, 일꾼은 적습니다. 교회 안에서 성령의 지도하심을 받아 제자를 삼을 때 얻을 수 있는 열매가 바로 일꾼입니다. 일반 신자들의 삶을 세워 주는 일은 새로운 집사와 교사 등 여러 지도자들을 불러일으키기 위한 하나님의 계획입니다. 교인들이 그리스도를 닮은 제자들로 배가되어 갈 때 일꾼들이 나타나길 바라는 교회의 간절한 바람은 하나님을 향한 찬양의 외침으로 바뀌게 될 것입니다.

지도력의 순환 과정

지금까지 살펴본 바와 같이, 제자를 세우는 일은 장래 교회의 지도자들을 계발하는 일이기도 합니다. 그러면 우리는 장래를 대비하여 어떻게 지도자 훈련을 촉진시킬 수 있겠습니까?

 복음 전파는 초신자를 얻는 방법인 동시에 제자를 계발시키는 훈련 기반이기도 합니다. 교회에서 제자를 내보내게 될 때, 새신자를 맞아들일 수 있게 되며, 그 결과 교회는 성장하게 됩니다. 제자삼는 사역은 복음 전파와 제자의 삶을 수행해 나갈 지도자들을 배가시켜 나갈 수 있는 가장 신속한 방법입니다.

 지역교회 내의 "지도력의 순환" 예화(41페이지의 그림 1 참조)는 지도자의 배가 과정을 이해하는 데 도움이 될 것입니다. 이 그림은 교인들을 차등적으로 분류하고자 하는 것이 아니라, 교회 내에서의 성장 단계들을 나타내 보이기 위한 것입니다.

 초신자는 양육을 통하여 사랑을 받으며, 음식을 먹고, 보호되며, 훈련받습니다(제5장 참조). 그는 그리스도를 따르는 제자로 자라 가게 됩니다. 이 제자는 좀 더 성숙한

제자를 세우는 이유   41

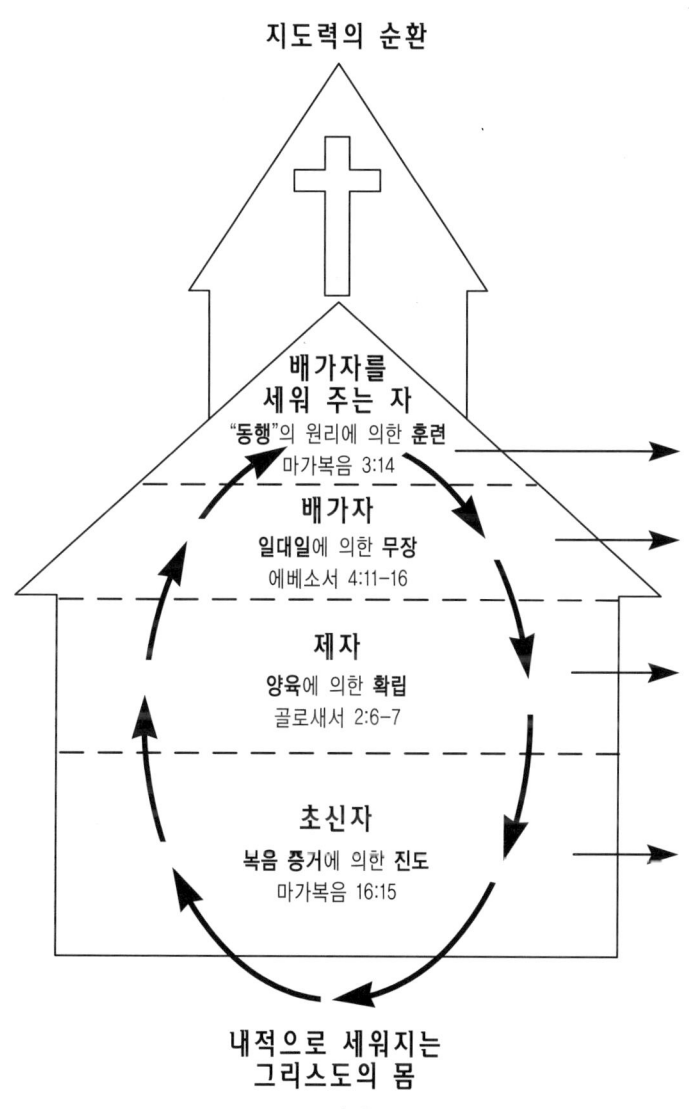

그림 1

제자의 도움으로 개인적인 훈련을 받으면서 배가할 수 있게 됩니다. 배가자란 다른 사람의 삶에 영향을 주는, 한 명 이상의 제자를 훈련시키는 사람입니다. 배가자를 세워 주는 자는 다른 배가자들을 훈련시킵니다.

제자삼는 과정은 각각의 지도자가 성장하는 제자들을 계발시켜 주는 하향 화살표로 나타나 있습니다. 그리고 다시 초신자에서 세워 주는 자에게까지 이르는 상향 화살표로 나타나 있듯이, 각각의 초신자가 그의 잠재력을 온전히 발휘하여 그리스도의 형상을 닮아 가는 데까지 성장함으로 이 순환은 완성되고 다시 시작됩니다. 잃어버린 바 된 세상으로 뻗쳐 나가는 화살표는 모든 사람 곧 성령의 인도하심을 받은 초신자, 제자, 배가자, 세워 주는 자들에 의해 이루어지는 교회의 복음 전파를 나타냅니다.

이 예화는, 교회 성장의 개념을 시각화해 본 것입니다. 교회는 각각의 성도들을 훈련시켜, 봉사의 일을 하며 구원받지 못한 영혼들에게 나아가게 해야 합니다. 일대일 사역을 통하여 배가자들(제1세대)은 제자들(제2세대)을 가르치고 격려하며 훈련합니다. 몇 주 또는 몇 달이 지나면, 제자들은 복음을 전할 수 있게 되고, 하나님께서는 그들이 한 팀을 이루어 전도하게 해주실 것입니다. 그들은 친구, 친지, 이웃 및 직장 동료들에게 나아가게 되고, 그 결과 몇몇 영혼이 거듭나게 됩니다. 이 제2세대의 제자들이 초신자들(제3세대)을 얻게 될 때, 배가는 시작된 것입니다.

연구와 토론을 위한 질문

1. 당신 교회의 사역과 관련하여, 예수 그리스도께서 대중 사역에서 주로 사용하셨던 4가지 기본적인 방법에 대하여 토론해 보십시오.

2. 당신의 교회에서는 예수님이 개인적으로 제자삼는 사역을 하셨던 것을 본받아 그 일에 열심하고 있습니까? 당신의 교회에서 대중 사역과 개인 사역이 잘 조화되어 이루어질 수 있도록 당신이 제안하고 싶은 것은 무엇입니까?

3. 주일학교, 청소년 사역 및 기타 교회의 여러 훈련 프로그램들은 제자삼는 사역에서 어떤 위치를 차지해야겠습니까? 성경 전체에 나타난 대중 사역과 개인 사역은 어떤 장점과 약점들이 있습니까?

4. 예수님께서 개인 사역을 통하여 보여 주신 제자삼는 사역을 실천하는 일에 당신은 어떻게 자신을 드리겠습니까?

5. 당신이 다른 사람을 제자삼는 중요한 이유는 어떤 것들입니까? 왜 그렇습니까?

6. 제자삼는 사역의 다른 유익점들을 토론해 보십시오.

7. 당신 교회의 입장에서 "지도력의 순환"에 대한 예화를 토론해 보십시오.
   1) 당신 교회에서는 얼마나 많은 사람이 초신자, 제자, 배가자 및 배가자를 세워 주는 자입니까?

   2) 순환의 각 부분에서 전도가 필수적인 이유는 무엇입니까?

8. 당신은 어떻게 당신 교회에서 제자삼는 사역을 시작하겠으며, 지금까지 강조해 왔던 제자의 삶에 대한 훈련을 좀 더 강화할 수 있겠습니까?

주:
1. Sam Shoemaker, ***Revive Thy Church Beginning with Me*** (New York: Harper Brothers, 1948), page 112.
2. F. H. Roberts, Master's Thesis, Dallas Seminary, 1955, pages iii-iv.

제 **4** 장

성경에 나오는 영적 배가의 예

"작은 일의 날이라고 멸시하는 자가 누구냐?"
-스가랴 4:10

우리는 바울과 베드로 같은 영적 거인들처럼 배가자들을 세워 주지는 못할 것입니다. 우리들 중 바울처럼 영적인 능력과 강력한 권위를 행사할 사람은 거의 없을 것이며, 베드로처럼 설교하여 한 예배 시간에 3천 명이 구원받게 되는 것을 볼 사람은 더욱 없을 것입니다. 그렇다고 우리는 실망해서는 안 됩니다. 왜냐하면 성경에는 우리가 동일시할 수 있는, 개인적으로 제자삼는 사역을 했던 사람들이 있기 때문입니다

안드레

복음서에 보면 안드레는 언제나 사람들을 예수님께로 데

려왔습니다. 그는 먼저 형제 시몬(요한복음 1:40-42 참조)을 데려왔는데, 이 시몬은 위대한 믿음의 사람 베드로가 되었습니다. 또 안드레가 작은 떡 조각을 가지고 있던 소년을 발견하여 예수님께 데려왔기에, 예수님은 그의 떡 조각을 배가시켜 오천 명을 먹이실 수 있었습니다(요한복음 6:8-9). 그리고 헬라인 몇이 "선생이여, 우리가 예수를 뵈옵고자 하나이다"(요한복음 12:21) 하며 청했을 때 안드레가 그들을 예수님께 데리고 갔습니다.

그러나 안드레의 사역이 지금에까지 이어질 수 있었던 것은 그가 그의 형제인 베드로에게 나아가 예수님을 소개했기 때문입니다. 오순절에 베드로는 수천 명의 유대인들에게 복음을 전하여 이들이 그리스도를 믿게 되었습니다(사도행전 2장 참조). 예루살렘에 있는 믿는 이들에게 핍박이 가해지자 이들은 예루살렘을 떠나(사도행전 8:1-4 참조), 안디옥에까지 이르렀고(사도행전 11:19 참조), 거기서 이들의 개인 전도를 통하여 많은 유대인들이 믿고 주님께로 돌아왔습니다. 주님이 부활하신 후 베드로가 은혜 안에서 성장해 감에 따라, 하나님께서는 그에게 능력을 부어주사 이방인 가운데 회개의 문을 열게 하셨으며 이때 고넬료와 그의 일가친지들이 믿음을 갖게 되었습니다(사도행전 10장 참조).

이것이 배가입니다. 안드레로부터, 베드로에게, 다시 예루살렘에서 회심한 수많은 사람들에게, 그리고 최초의 선교로 세워진 안디옥 교회에까지 이른 것입니다. 안드레는 개인 전도로 말씀을 전했으며, 사람들을 한 사람 한 사람씩 예수님께로 데리고 왔습니다. 안드레는 그의 형제 베드로를 그리스도께 데려옴으로써 나중에 시몬 베드로가 하나님의 나라를 위해 이룩한 모든 일에 대한 상급을 함께 나누게 되었습니다.

이것이 바로 온 세상에 당신의 사역을 확장시키는 방법입니다. 즉 앞으로 힘 있게 배가해 나갈 단 한 사람에게 나아가는 것입니다.

요한

사도 요한은 사람들을 훈련시켰는데, 교회 지도자들에게 보낸 세 서신서는 그가 영적인 아버지로서 계속 책임감을 갖고 도왔던 것을 보여 줍니다. 교회사에는, 요한이 폴리갑이라는 열정적인 증거의 삶을 살았던 사람을 얻어 훈련시켰으며, 다시 폴리갑은 이레니우스를 제자로 삼아 그가 목회자로 섬기게 되었다고 기록하고 있습니다. 이 사람들은 2세기경 박해를 받아 목숨을 잃었습니다. 그러나 배가를 통해서 그들의 사역은 계속되고 있습니다.

바나바

사도행전 4장에서 우리는 요셉이라는 그리스도인을 찾아볼 수 있는데, 그는 사도들과 매우 친근히 지냈으며 "바나

바(勸慰子라는 뜻)"라고 불렸습니다. 그는 어떤 사람이었습니까? 그는 다소에 사는 사울이라는 청년 회심자의 간증을 듣고 그것이 사실이라고 믿었습니다.

바나바는 항상 하나님의 은혜의 역사로 사람들의 문제점을 너그럽게 보아 넘기고 그들의 잠재력을 보았습니다. 사울이 예루살렘으로 되돌아오자 모든 사람들이 그를 두려워했습니다. 그러나 바나바는 형제들 앞에서 사울의 진실 됨을 증언하였습니다. 후에 그들은 함께 1년 동안 안디옥에서 사역을 했습니다(사도행전 11:22-26 참조). 바울은 이미 3년 동안 광야에서 드러나지 않는 가운데 개인적으로 성령의 가르치심을 받았습니다. 그러나 하나님께서는, 다른 이들이 교제하기를 꺼려하는, 이 다양한 은사를 받은 랍비를 격려하고, 다듬고, 힘을 더하게 하는 일에 바나바를 사용하셨습니다.

바나바는 그의 조카 요한 마가를 제자로서 헌신토록 했습니다. 마가가 첫 번째 전도 여행 도중에 그만두었으므로 바울은 두 번째 전도 여행에 그가 함께 가는 것을 거절했습니다. 마가의 일로 바울과 바나바는 피차 갈라서게 되었고, 바울은 실라와 디모데를 택하여 그의 사역을 이루어 갔지만, 바나바는 마가를 꼭 붙들었습니다. 그러나 디모데후서 4:11에서 바울은 디모데에게 자기의 책과 겉옷을 가져오라 부탁할 때, "네가 올 때에 마가를 데리고 오라. 저가 나의 일에 유익하니라"라고 써 보냈던 것입니다.

무엇이 도중에 포기한 사람으로 하여금 도움이 될 사람

으로 만들었겠습니까? 분명 우리는 마가가 베드로와 바나바를 통해 받은 훈련과 사랑, 그리고 개인적인 교제의 시간을 생각지 않고는 마가에 대하여 평가할 수 없습니다. 하나님께서는 이 배가하는 일꾼들을 사용하셔서 바울이 보지 못했던 마가의 자질들을 계발시키신 것입니다.

아굴라와 브리스길라

바울은 아굴라와 브리스길라를 만나서 또 다른 연쇄적 배가를 시작했습니다. 이 두 사람은 아볼로라는 사람을 양육하여 제자를 삼았습니다(사도행전 18:24-28 참조). 유대인들은 아볼로의 가르침을 통하여 "크게 깨닫게" 되었습니다. 하나님께서는 바울로부터 아굴라와 브리스길라로, 다음에는 아볼로에게, 드디어는 유대인들에게 이르는 4세대에 이르는 연쇄적인 영적 배가를 이루셨습니다.

바울은 그 밖에도 누가를 비롯하여 많은 사람들을 개인적으로 만나 역사에 지대한 영향을 끼친 사람들이 되게 했습니다. 후일 누가는 데오빌로라는 한 사람을 양육하기 위하여 복음서와 사도행전을 쓰게 되었습니다(누가복음 1:1-4, 사도행전 1:1 참조). 바울의 사역의 다른 한 열매인 디도도 마침내는 그레데 교회에서 목회자로 주님을 섬겼습니다.

당신도 배가할 수 있다.

그림 2의 "배가의 연쇄"를 자세히 보십시오. 이는 신약에 나오는 영적 재생산을 잘 보여 주고 있습니다.

배가의 연쇄

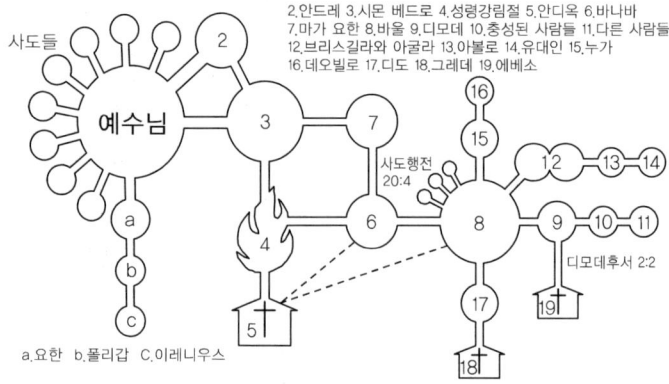

그림 2

안드레나 바나바는 둘 다 그들이 만나 인도한 사람들보다 재능이나 은사가 없었습니다. 그러나 이 두 사람은 그리스도에 대하여 자신들이 알고 있는 바를 사랑 안에서 다른 사람들과 나누었습니다. 그리하여 이 둘은 그들이 도와준 사람들의 영적인 상급을 함께 누리게 되었던 것입니다.

우리는 안드레와 바나바의 예를 통하여 큰 위로를 얻으

며 우리 각 사람도 제자를 삼고 배가할 수 있다는 사실을 깨달을 수 있습니다. 하나님께서는 우리들에게 베드로나 바울 또는 디모데처럼 능력 있게 쓰일 수 있는 사람을 주시길 원하십니다. 우리가 영적인 배가를 이루려면 성령의 인도하심에 즉각 응할 수 있어야 합니다. 당신도 안드레와 같은 사람이 될 수 있습니다.

연구와 토론을 위한 질문

1. 당신을 그리스도께로 인도하는 역할을 담당했던 몇 명의 "안드레"를 상기해 보십시오. 그들을 그리스도께로 인도한 배가의 연쇄에 대하여 알고 있습니까?

2. 당신의 생애에서 영적으로 어렸을 때나 최근에 결단해야 될 일이 있었을 때 당신을 격려해 줌으로써 바나바의 역할을 했던 사람은 누구입니까?

3. 사도행전 9장, 11장, 15장의 말씀에서 바나바가 바울을 제자로 삼은 것이 얼마나 어려웠다고, 또는 쉬웠다고 생각합니까?

4. 당신의 교회에서 배가의 연쇄가 시작될 수 있기 위해서 하나님께서 쓰시는 사람은 어떤 사람이겠습니까? 당신이 안드레나 바나바의 삶에서 관찰할 수 있는 몇 가지 자질들을 구체적으로 적어 보십시오.

제 **5** 장

제자삼는 사역의
시발점

"결심은 5%에 불과하고
그 결심을 이행하는 것이 95%이다."
-빌리 그래함

사람이 거듭난다는 것은 하나님의 은혜로 말미암은 기적입니다. 또한 하나님께서는 기적과도 같은 이 모든 새 생명들이 그리스도의 충만에 이르기까지 성장해 갈 수 있도록 계획하셨습니다. 건강한 영적 출생이야말로 그리스도의 제자로 성장할 수 있는 요체가 됩니다. 교인들 중에는 처음에 그리스도를 향한 결단이 불분명함으로 말미암아 영적 성장이 부진한 경우가 많습니다. 바울이 초신자들을 돌본 방법들을 활용하면 지역교회에서도 새로운 그리스도인들을 즉시 견고하게 세워 주어서 신뢰할 만한 제자로 성장하게 할 수 있습니다.

초신자는 영적으로 어린아이이며, 따라서 영적 부모의 즉각적인 보살핌이 필요합니다. 결신한 후 초기 양육 전까지 오랜 시간을 지체한다는 것은 생각만 해도 섬뜩한 일이며 이것이 이후의 성장을 방해하는 주된 부정적 요소가 됩니다. 24시간이 지나기 전에 그 결신자는 기도의 지원을 받아야 하며, 개인적인 교제를 통해 하나님의 말씀을 섭취하는 방법을 배워야 합니다. 어린아이에게는 사랑의 보살핌과 음식이 필요합니다! 예수님이 3년 동안 매일 제자들과 함께하셨던 것과, 바울이 몇 년 동안이나 디모데, 디도와 교제한 것을 상기해 볼 때, 양육이란 한두 차례의 교회 예배만으로 이루어질 수 없다는 것을 알 수 있습니다.

결신자와 세례받는 자의 수

미국 내의 목회자들이 지적하는 바에 의하면 교회에서 결신하는 사람들 중 50%나 되는 사람들이 나중에 세례를 받지 않는다고 합니다. 남미의 경우에는 전도 집회에서 그리스도를 영접하는 결신자들 가운데 10명 중 8명꼴로 교회에 나오지 않으며, 아프리카와 아시아에서도 같은 상황이라고 합니다.

교회 안에서 수백 명의 사람들이 믿음을 고백하지만 1년쯤 지나 보면 그중 단지 수십 명 정도만이 실제로 세례를 받고 교회 생활에 함께하며 그리스도 안에서 성장하고 있는데, 그 숫자에서 이러한 차이가 있다는 것은 참으로 가슴 아픈 일이 아닐 수 없습니다.

교회가 그렇게도 많은 새로운 결신자들을 놓치는 데는

다른 많은 이유들(불분명한 복음의 전달 또는 주위의 압력으로 결신하게 된 경우 등)이 있겠지만, 무엇보다도 주된 손실은 신약성경에서 보여 주는 양육의 원리들을 올바르게 이해하지 못한 결과에서 비롯된 것입니다.

즉각적인 상담이 절대로 필요합니다(교회의 전체적인 양육 사역을 확립하는 데 도움이 되는 책들을 참고로 활용하십시오).[1]

데살로니가전서에 나타난 양육의 4가지 방법

1세기에 사도들과 전도자들은 어떻게 교육도 제대로 받지 못한 소수의 무리를 힘찬 제자들로 변화시켜, 불과 몇 백 년 안에 로마 세계에 대변혁을 일으킬 수 있었습니까? 우리가 알기로 복음은 주님께서 부활하신 후 약 33년 동안에 당시 알려진 세계에는 모두 전파되었습니다. 이것은 인쇄물이나 전화, 텔레비전 혹은 통신 위성이라곤 전혀 없이 이루어졌습니다. 그 당시 믿는 이들은 "한 사람에게 직접" 전하는 방법을 사용했습니다. 심지어는 고대 세계의 사치와 향락의 중심지에서도, 복음으로 변화되어 힘찬 삶을 살게 된 갓 거듭난 그리스도인들이 이 복음 전파에 기여하기도 했습니다. 그리스도 안에서 성장하는 새로운 그리스도인들은 여러 교회를 형성하게 되고, 이렇게 해서 새로운 교회가 계속적으로 배가되어 갔습니다!

데살로니가전서는 신약 서신서 중 초기에 쓰여진 것 가

운데 하나인데, 복음서를 제외한 어떤 다른 서신서 못지않게 초기 양육에 대하여 많이 다루고 있습니다. 데살로니가전서를 통해서 바울은 양육에 관하여 다음과 같은 내용을 가르쳐 주고 있습니다.

개인적인 편지
바울은 개인적인 편지로 초신자들을 양육했습니다(데살로니가전서 1:1 참조). 신약성경의 대부분은 여러 새로운 교회 내의 각 사람을 양육하기 위해 쓴 일련의 개인적인 서신들입니다. 오늘날 우리는 어떻게 이 방법을 활용할 수 있겠습니까?

간단히 한 페이지 정도의 성경공부를 곁들인 편지는 초신자를 양육할 수 있는 좋은 영적 양식이 됩니다. 이 공부는 간단하고 체계적이며 개인적인 적용이 가능하고 쉽게 전달될 수 있는 것이어야 하며 또한 새로운 그리스도인이 자기의 답을 적극적으로 적어 나갈 수 있는 것이어야 합니다.

그리스도 안의 새 생활의 원리들-유혹으로부터의 승리, 죄 사함, 경건의 시간, 증거의 삶 등-을 설명하기 위해 당신 교회의 모든 초신자들에게 보내는 공적인 편지도 큰 효과를 거둘 수 있습니다. 한 결신자의 성장은 그 출발이 지연되면 지연될수록 그가 충분히 성숙할 가능성이 그만큼 적어질 뿐 아니라 다른 사람들을 섬기는 일에 드릴 수 있는 시간도 줄어들게 될 것입니다.

베드로와 요한은 떨어져 있어 만날 수 없는 사람들을

양육하기 위해 편지를 썼습니다. 바울이 감옥에 갇히지 않았더라면, 우리는 어쩌면 신약성경의 4분의 1정도는 가지지 못했을지도 모릅니다. 감옥에서 "허송했던(?) 수년" 때문에 우리가 얻을 수 있는 축복 중 한 가지는 사도 바울이 초신자들의 성장을 돕기 위해 썼던 편지들이 그 풍성한 내용과 함께 신약성경에서 가장 널리 읽히는 서신서로 우리에게 주어졌다는 것입니다.

토비는 내가 맨 처음 시골 교회에서 목회하고 있을 때 나를 찾아왔던 기품 있는 10대 소년이었습니다. 그는 영적으로 민감했고 주님 안에서 성장하기를 갈망했습니다. 내가 그곳을 떠나 다른 도시에 와서 목회하게 되었을 때, 나는 토비에게 정기적으로 편지를 써서 그리스도인의 기본적인 삶에 충실하도록 권면했습니다. 나는 그에게 대학 진학을 고려해 보도록 격려하였습니다. 그는 진학하여 박사학위를 취득하였고 대학 교수가 되었습니다.

최근에 토비는 나에게 보낸 편지에, 내가 25년 전에 그에게 썼던 편지들을 모두 복사하여 동봉해 보냈습니다. 그 편지들 중 어떤 것은 부끄러우리만큼 엉망이었지만, 토비는 관심을 보여 준 것에 대하여 나에게 감사하였고, 엉성한 글이었음에도 불구하고 받은 편지를 모두 보관했던 것입니다.

당신 생애의 어떤 중요한 시점에서 당신이 받았던 편지를 생각해 보십시오. 하나님께서 초자연적인 방법으로 그 편지를 사용하셔서 당신의 삶에 변화를 가져왔던 일을 기억해 보십시오. 누군가가 편지를 통하여 당신을 돌보았던 것입니다.

　우리 중에서도 다른 사람들을 세워 주고 견고해지도록 도와주기 위해 편지를 쓸 필요가 있습니다. 편지를 통한 양육은 노약자를 포함하여 누구나 쉽게 할 수 있는 하나의 중요한 사역입니다.

개인적인 중보기도

새로 세워진 교회들에 보낸 서신들을 통해서 우리는 바울이 개인적인 중보기도를 얼마나 중요시하였는가를 볼 수 있습니다. 그는 데살로니가 성도들에게 다음과 같이 상기시켰습니다. "우리가 너희 무리를 인하여 항상 하나님께 감사하고 기도할 때에 너희를 말함은…"(데살로니가전서 1:2). 바울은 또한 다음과 같이 적었습니다. "주야로 심히 간구함은 너희 얼굴을 보고 너희 믿음의 부족함을 온전케 하려 함이라"(데살로니가전서 3:10).

　에베소서 3:13-15에서 바울은 "그러므로 너희에게 구하노니 너희를 위한 나의 여러 환난에 대하여 낙심치 말라. 이러하므로 내가… 아버지 앞에 무릎을 꿇고 비노니"라고 썼습니다. 당신이 아는 사람 중에 영적으로 쇠약해지는 사람이 있습니까? 중보기도가 그를 굳게 해줍니다. 우리가 새로 믿은 자들을 위해 기도하지 않으면, 그들은 쇠약해지고 떨어져 나가, 때로는 영원히 그들을 잃게 될지도 모릅니다. 우리가 기도하지 않으면, 우리 자신도 쇠약해집니다(누가복음 18:1 참조). 그러므로 야고보서의 약속을 따라 실행하여 보십시오. "의인의 간구는 역사하는 힘이 많으니라"(야고보서 5:16).

당신은 언제 어떻게 초신자들을 위해 중보기도를 해야 겠습니까? 당신은 누가 세례받는 것을 볼 때 그를 위해 기도하십시오. 그렇지 않으면 다시는 그를 못 만날지도 모릅니다. 기도 모임에서는 새로 믿게 된 모든 사람의 이름을 흑판에 써 놓고 그들을 위해 기도하십시오. 그리고 그 주간에 새로 그리스도인이 된 각 사람들을 위해서 기도해 줄 지원자들을 구하십시오.

우리들 대부분은 누군가가 우리를 위해 믿음으로 기도해 주었기 때문에 이런 영적인 삶을 누리게 된 것입니다. 로마서 16장에서 바울은 최소한 28명의 개인 및 가족들의 이름을 열거하고 있습니다. 그는 어떻게 그 많은 사람들을 알았겠습니까? 그렇게 멀리 떨어진 선교지에서 이렇게 여러 믿음의 사람들의 이름을 불렀던 것을 보면 그는 자신의 기도 목록을 가지고 있었던 것을 알 수 있습니다. 바울의 많은 서신들에 나오는 "밤낮으로"라는 말을 통하여 우리는 그가 얼마만큼이나 책임감을 가지고 중보기도에 열심했는지 알 수 있습니다. 그는 그리스도를 위하여 기쁨으로 참아 넘긴 수많은 곤경들을 이야기한 후에, "이외의 일은 고사하고 오히려 날마다 내 속에 눌리는 일이 있으니 곧 모든 교회를 위하여 염려하는 것이라"(고린도후서 11:28)라고 썼습니다. 바울의 여러 기도를 암송해 보도록 권합니다.

왜냐하면 이 기도들은 하나님께서 응답하시는 기도의 훌륭한 모범이 되기 때문입니다. 하나님께서는 이 기도들에 응답하사 온 세상에 주님의 제자들과 교회들을 배가시켜 주실 것입니다.

개인적인 동역자들

바울은 때로 동역자를 보냄으로써 초신자들을 도왔습니다. 그는 그들을 돌볼 수 있도록 하기 위해 개인적으로 몇몇 사람을 훈련시켰습니다. 데살로니가전서 3:1-5에서 보면 바울 자신은 갈 수 없기 때문에 디모데를 보내어 사역하게 한 것을 알 수 있습니다. 에바브로디도, 디도, 그 외에 여러 사람이 각각 바울을 대신하여 파송되었습니다.

바울은 "같은 마음을 가진" 사람들-즉 그들을 훈련시켜 준 바울 자신과 같은 확신과 열정이 있다고 인정되는 사람들-을 보냈습니다. 바울은 디모데에 관하여, "자식이 아비에게 함같이 나와 함께 복음을 위하여 수고하였느니라"(빌립보서 2:22)라고 소개했습니다. 당신은 자신이 직접 갈 수 없는 경우에 당신의 일을 대신할 수 있는, "같은 마음을 가진" 사람들을 몇 명이나 훈련해 왔습니까?

개인적인 교제

모든 초신자들은 필히 좀 더 성숙한 다른 그리스도인으로부터 관심 어린 사랑을 받아야만 합니다. 편지도 유익하며, 기도도 중요하고, 개인적인 동역자도 역시 필요하지만, 개인적인 교제를 대신할 만한 것은 없습니다. 사탄은 이 점을 잘 알고 있기에 초신자로 하여금 정기적으로 교회에 출석하지 못하게 하려고 안간힘을 쓰고 있습니다. 사탄은 바울이 데살로니가에 있는 초신자들을 방문하려는 것을 두 번이나 막았습니다(데살로니가전서 2:18).

경험을 통해서 볼 때 개인적인 교제의 중요성은 더욱 분명해집니다. 교회에서 지도자로 성장할 것을 내가 권면했던 대부분의 교인들은, 자신들이 그리스도 중심의 삶을 살게 된 데는 한두 사람의 영적인 삶의 본이 도움이 되었다고 했습니다. 굶주린 한 심령이 다른 사람 속에 계시는 그리스도를 보게 될 때, 자신도 그리스도 안에서 계속 성장하고자 하는 동기를 갖게 됩니다.

바울은 좋은 모본을 보여 주었습니다. 그는 결코 설교만 하고 떠나 버리지 않았습니다. 비록 "세 번의 안식일"이 특별히 언급되어 있기는 하나, 어떤 학자들은 바울이 데살로니가에서 약 3개월 정도 머물렀고 그동안에 그는 많은 시간을 결신자들을 돕는 데 보냈다고 믿고 있습니다. 그는 또한 자기와 함께하는 팀의 재정적 필요를 채우기 위해 장막 짓는 일도 했습니다. 데살로니가 교회가 놀랄 만큼 복음 전파를 잘했던 교회가 된 것은 결코 우연한 일이 아닙니다(데살로니가전서 1:7-9 참조). 바울이 영적인 부모로서 데살로니가 성도들과 삶을 함께한 것에 대해 기록한 것보다 더 강렬하고 의미 깊게 일대일 제자삼는 사역을 묘사한 것은 없습니다(데살로니가전서 2:7,11 참조). 11절을 좀 더 문자 그대로 표현하면 다음과 같이 될 것입니다. "여러분도 아는 바와 같이 우리는 여러분을 마치 아버지가 자기 친 자녀를 대하는 것처럼 한 사람 한 사람씩 권면하고, 위로하고, 경계하면서 함께했습니다." 그 말하는 모습과 어투는 바울이 가진 부모의 마음을 명확하게 전달해 주고 있습니다.

바울의 본에서 알 수 있듯이, 그룹의 힘이나 그룹 모임이 결신자로 하여금 제자로 성장하도록 도와주는 데 꼭 필요하긴 하지만, 각각 개인적으로 시간을 함께 보낼 때, 보다 더 견고하며 도중에서 포기하지 않고 지속하는 제자들을 길러 낼 수 있게 됩니다. 영적으로 어린 아이들은 개별적으로 고유하게 다루어야만 해결될 수 있는 문제들을 가지고 있습니다.

그렇다면 제자삼는 사역은 어떤 자료에 의해서가 아니라 사람에 의하여 이루어진다는 것이 분명합니다. 서적은 좋은 도구이지만, 그 이상이 될 수는 없습니다. 하나님께서는 궁극적으로 사람들의 삶을 세워 주시기 위해 성령으로 충만한 우리들의 혈과 육을 사용하십니다(고린도후서 4:7 참조).

연구와 토론을 위한 질문

1. 보통 새로운 그리스도인을 교회 생활로 인도하는 과정에서 나타나는 일은 어떤 것들이 있습니까?

2. 새로 믿게 된 사람을 맞아들여 교회의 교제에 잘 적응하게 하고, 그들이 계속 영적으로 성장하고 발전하도록 하기 위해 어떤 일을 할 수 있겠습니까?

3. 당신의 교회에서 한 결신자를 성장하고 있는 제자에게 잘 연결시켜 줄 수 있는 방법들에 대하여 토의하십시오.

4. 데살로니가전서 1장에서 소개된 바울의 4가지 양육 방법은 어떤 것이 있습니까?

5. 이 4가지 방법 중 당신의 교회에서 이미 이루어지고 있는 사역은 어떤 것입니까?

6. 당신의 교회에서는 금년에 어떻게 이 4가지 성서적인 양육 방법을 각각 좀 더 적극적으로 활용할 수 있겠습니까?

주:

1. For example- Hal Brooks, ***Follow-up Evangelism*** (Nashville, Tennessee: Broadman Press, 1972); Waylon B. Moore, ***New Testament Follow-up*** (Grand Rapids, Michigan: Wm. B. Eerdmans, 1964).

제 3 부

과정:
배가하는 제자들을
어떻게 세워 줄 것인가?

제 **6** 장

배가하는 제자삼는 자의 영적 자질들

"어리석은 자를 지혜롭게 하고
죄인을 의로운 성도로 만드는 것은
세월이 아니라 변화이다."
-A. W. 토저

우리는 제1부에 나오는 에드워드 킴볼의 예에서, 그리스도의 복음을 들고 온 세상에 나아가라는 지상사명의 성취를 돕기 위해 우리 자신이 다른 사람들을 통하여 영적으로 배가해 나가야 한다는 도전을 받았습니다.

제2부에서 우리는 제자란 어떠한 사람이며 우리가 왜 제자를 삼아야 하는지를 배웠습니다. 우리는 배가에 대한 몇 가지 성서적인 모범들을 공부했고, 또한 새로운 결신자에 대한 초기 양육이 사실상 제자삼는 사역의 출발점이 된다는 것을 배웠습니다.

제3부에서 우리는 먼저, 제자들이 스스로 배가하려면 먼저 어떤 영적인 자질들을 구비해야 하는가에 대하여 중점적으로 연구하고, 다음 8장에서 10장까지에서는 제자들이

다음 세대에도 계속적으로 배가할 수 있도록 하기 위해서 그들과 함께하는 데 필요한 세 가지 기본적인 원리들을 검토하겠습니다.

그리스도의 은혜에 지배되어야 함

디모데후서 2장에서 우리는 배가하는 일꾼이 될 사람은 먼저 그리스도의 은혜 아래에서 강한 삶을 누려야 함을 발견하게 됩니다. 바울은 디모데에게 "그리스도 예수 안에 있는 은혜 속에서 강하라"(디모데후서 2:1)고 명하고 있습니다. 바로 이것이 효과적인 사역의 기반입니다. "우리가 무슨 일이든지 우리에게서 난 것같이 생각하여 스스로 만족할 것이 아니니 우리의 만족은 오직 하나님께로서 났느니라"(고린도후서 3:5). 다른 사람의 삶을 변화시키는 진리는 우리들의 삶 속에 있는 하나님의 은혜의 샘으로부터 솟아나야 하며, 그럴 때라야 사람들의 마음을 열고 삶을 변화시킬 수 있는 메시지가 되어 다른 사람에게도 전달될 수 있습니다.

어디에서 이러한 은혜를 얻습니까? 한 가지 원천은 히브리서 4:16에 나와 있습니다. "그러므로 우리가 긍휼하심을 받고 때를 따라 돕는 은혜를 얻기 위하여 은혜의 보좌 앞에 담대히 나아갈 것이니라." 우리가 기도를 통해 하나님의 보좌 앞에 나아갈 때 하나님께서는 바로 예수 그리스도의 은혜를 우리 삶 속에 부어 주십니다. 그래서 우리는 "긍휼

하심을 받고" 또한 "은혜를 얻게" 됩니다. 우리는 부족한 게 너무도 많습니다. 하지만 은혜가 풍성하신 하나님께서는 우리가 그의 앞에 사는 동안 그의 사역을 이루는 데 부족한 모든 것을 채워 주십니다.

은혜를 얻기 위한 또 다른 원천은 그리스도를 경험적으로 알아가는 데 있습니다. "하나님과 우리 주 예수를 앎으로 은혜와 평강이 너희에게 더욱 많을지어다"(베드로후서 1:2). 그리스도를 아는 지식은 우리가 은혜의 통로 - 기도로 주님께 이야기하고 성경 말씀을 통하여 주님께서 우리들에게 친히 말씀하시도록 하는 것-를 활용할 때 자라 가게 됩니다. 은혜와 평강은 시간을 들여 기도하고 부지런히 성경을 공부함으로 얻을 수 있습니다.

은혜는 또한 겸손한 자에게 주어집니다(베드로전서 5: 5-6 참조). 종의 마음을 가진 사람은 폭넓은 사역의 기회를 갖게 됩니다. 또 우리가 겸손히 행할 때, 우리의 말은 은혜의 원천이 됩니다(에베소서 4:29 참조). 그러나 불순종은 하나님의 은혜의 역사를 헛되게 할 수 있습니다(고린도후서 6:1 참조).

배가의 사역에 헌신되어야 함

또한 우리는 제자 또는 배가자 후보생으로서 디모데후서 2:2에서 보여 주는 것처럼 배가의 사역에 헌신되어야 합니다. "또 네가 많은 증인 앞에서 내게 들은 바를 충성된 사람들에게 부탁하라. 저희가 또 다른 사람들을 가르칠 수 있으리라." 디모데는 바울이 그에게 가르쳐 준 것을 다른 사람들에게 나누어 주는 통로가 되어야 합니다. 한 사람을 그리스도께로 인도하는 것은 참으로 긴요한 출발이지만, 새로 믿게 된 그 사람이 다시 다른 사람에게 나아갈 때에야 비로소 영적 배가가 일어나는 것입니다.

부탁하라는 말은 명령입니다. 우리는 우리가 보고 듣고 경험한 바를 다른 사람에게 부탁해야 합니다. 자신의 삶의 경험을 그룹 또는 분반 모임에서 나눈다는 것은 생각하기조차 두려운 일일 수도 있습니다. 하지만 우리는 한 사람에게만 나누면 되므로 두려워할 필요가 없습니다. 이와 같이 배가의 사역은 단 한 명이라도 다른 사람에게 나눠 줌으로써 시작되며, 하나님께서 축복의 손길로 그 교제를 이끌어 주실 것입니다.

바울은 우리가 배운 바를 부탁해야 할 사람들이 갖추어야 할 특성을 구체적으로 보여 주고 있는데, 그들은 "충성된 자들," 즉 하나님의 말씀 안에 거하는 사람들이어야 합니다. 왜냐하면 "믿음은 들음에서 나며, 들음은 하나님의 말씀으로 말미암기" 때문입니다(로마서 10:17 참조). 충성된 사람들을 택하십시오.

바울은 또한 그들이 "또 다른 사람들을 가르칠 수 있는" 자들이어야 함을 강조하고 있습니다. 다른 사람을 가르칠 수 있으려면, 그 자신이 먼저 가르침을 잘 받는 사람이어야 합니다. 교회에는 모임에 충실히 참석하며 특별한 역할을 맡아 도움을 주기는 하지만, 그들이 듣고 배운 바를 다른 사람들에게 다시 그대로 전해 주지 않는 사람이 많습니다. 하나님만이 사람의 마음속에 말씀을 나누고자 하는 열망을 심어 주실 수 있습니다. 바로 이런 열망을 가진, 가르침을 잘 받는 사람을 찾으십시오. 한 사람이 가진 잠재력이, 당신이 그와 함께, 또한 그를 통하여 이룰 일을 결정짓게 됩니다.

어느 교회에나 성서적인 진리들을 다른 사람들에게 효과적으로 전해 주는 방법을 배우지 못하였거나 이런 면에 도전받은 적이 전혀 없는 사람들이 많이 있습니다. 제자삼는 자는 자신이 먼저 이 일을 할 수 있는 방법을 배우며, 다음에 다른 사람들이 그 일을 하도록 가르치는 법을 배워야 합니다.

하나님을 기쁘시게 하는 삶에 훈련되어야 함

제자가 배가할 수 있기 위해서 필요한 세 번째 자질은 하나님을 기쁘시게 하는 삶을 살 수 있도록 훈련되어야 한다는 것입니다. 이 땅에서 하나님을 기쁘시게 하는 삶을 살아야 합니다(요한계시록 4:11 참조). 제자의 삶은 쉽고, 편한 대로 보내는 나날이 아니며, 대가를 치러야 하는 삶입니다. "네가 그리스도 예수의 좋은 군사로 나와 함께 고난을 받을지니 군사로 다니는 자는 자기 생활에 얽매이는 자가 하나도 없나니 이는 군사로 모집한 자를 기쁘게 하려 함이라"(디모데후서 2:3-4). 배가자는 고난을 각오해야 하며 그것을 견뎌야 합니다. 자기의 사역이 곤경에 빠졌을 경우에도 불평해서는 안 됩니다.

비록 우리가 기꺼이 자진하여 나섰지만, 사실은 택함을 받아 그리스도의 군사가 된 것입니다. 군사는 명령을 받는 위치에 있으며, 목표 지향적이고 또한 그의 총사령관에게 순종하고 복종해야 합니다. 우리가 이런 삶을 살 수 있기 위해서는 훈련이 필요합니다.

제자가 배가자로 되는 데 필요한 영적 자질들은 첫째, 그리스도의 은혜에 지배되는 삶입니다. 자신만의 능력과 지식으로는 부족하기 때문입니다. 둘째는, 배가하는 사역에 확고하게 헌신되는 것입니다. 셋째는, 훈련된 삶입니다. 모든 삶의 훈련은 결국 하나님을 기쁘시게 하기 위한 것이기 때문입니다.

연구와 토론을 위한 질문

1. 당신의 사역을 배가하기 위한 필수 요소로서 바울이 디모데후서 2:1-4에서 강조한 세 가지 자질을 설명해 보십시오.

2. 디모데후서 2:2 말씀에 의하면, 당신은 배가의 연쇄에서 어떤 연결 고리 역할을 맡고 있습니까?
   1) 바울 같은 사람을 만나 배가의 연쇄를 시작한 바나바 같은 사람.
   2) 다른 사람으로부터 삶을 배운 디모데 같은 사람.
   3) 디모데의 도움을 입어 훈련받는 "충성된 사람들" 중의 하나.
   4) "또 다른 사람들" 중의 하나.
   5) 그 밖의 다른 한 사람.

   당신의 대답에 대하여 설명하십시오.

3. 그리스도의 군사(제자)로서 견뎌 내야 할 "고난"에 대하여 토론해 보십시오(디모데후서 2:3-4 참조).

74　제자 배가의 원리

제 7 장

종의 마음

> "하나님께서는 우리가 드리는 찬양의 내용을
> 우리의 삶 속에 구체화시키길 원하신다- 우리는
> 제단에 들어올려져 깨끗케 된 후, 쪼개져
> 분배되어야 한다. 이는 우리가 은총의 중보가 되고
> 영원한 자비의 통로가 되기 위한 것이다."
> —어거스틴

종의 마음은 잃어버린 영혼을 그리스도께로 인도하기 위해 하나님께서 사용하시는 최고의 통로 중 하나입니다. 그리스도가 없는 사람들의 심령에 사랑의 다리를 놓는 것은 복음을 전할 수 있기 위한 준비가 됩니다. 어떤 사람은 복음을 설명해 주기만 해도 돌아올 수 있습니다. 그러나 많은 사람들은 우리가 그들의 종이 될 때에야 비로소 그리스도께 나아옵니다.

당신이 아는 사람 중에 주님의 종으로 여길 만한 사람이 있습니까? 종이 된다는 것은 어떤 위치라기보다는 태도를 말합니다. 그것은 종으로서의 희생을 각오하고 기꺼이 다른 사람들의 필요를 채우는 마음을 뜻합니다. 많은 경우에 종은 눈에 띄지 않지만, 조만간 사람들은 그를 의지하게 되고 그를 찾게 됩니다. 이러한 섬김의 사역은 때가 되면 그리스도를 닮아 제자로 자라 가는 통로가 될 수 있습니다.

종의 모범

구약의 예언서에서는 메시야를 "고난받는 종"으로 묘사하고 있습니다. 이사야는 다음과 같이 적고 있습니다. "내가 붙드는 나의 종, 내 마음에 기뻐하는 나의 택한 사람을 보라. 내가 나의 신을 그에게 주었은즉 그가 이방에 공의를 베풀리라"(이사야 42:1).

이 본문(1절부터 4절까지)과 그 밖에 여러 곳에서 예수님이 종의 형체로 나타나신 것은 섬김을 받기 원하는 우리의 육신적 욕망과는 정반대입니다. 그러나 우리가 그리스도와 동일시하고자 한다면 종의 마음은 꼭 필요합니다. 예수님은 다른 사람들이 알아주지 않을지라도 섬김으로써 그의 제자들이-그리고 제자삼는 자들이-따라야 할 모범을 보여 주셨습니다.

예수님은 그의 일거일동을 보아 온 사람들 앞에서 지도자가 갖추어야 할 자질을 명시하셨습니다. "너희 중에 누구든지 으뜸이 되고자 하는 자는 너희 종이 되어야 하리라. 인자가 온 것은 섬김을 받으려 함이 아니라 도리어 섬기려 하고 자기 목숨을 많은 사람의 대속물로 주려 함이니라"(마태복음 20:27-28). 높아지는 방법은 낮아지는 것입니다. 예수님은 종으로서 섬기고 봉사하고자 오셨습니다.

아브라함이 그의 젊은 조카 롯과 함께 가축을 먹이기가 어렵게 되었을 때 그는 우선권이 자기에게 있음에도 불구하고 조카인 롯에게 먼저 땅을 택할 수 있는 권한을 주었습니다. 롯은 소돔 근처의 땅을 택했습니다. 그 후 하나님께서는 아브라함에게 모든 땅이 그의 것이라고 말씀하셨습니다. 아브라함이 양보하는, 즉 종이 되는 편을 택한 후, 하나님은 그로 하여금 그가 바라볼 수 있는 모든 땅의 영원한 주인이 되게 하셨습니다.

현대인들에게 종의 개념이란 이해하기가 어려운 말일지도 모르겠습니다. 한가한 여유를 중시하는 우리 사회 풍조로 보면 다른 사람을 섬긴다는 것은 하찮고 천하게 여겨지는 일입니다. 섬기는 일은 사회의 맨 밑바닥 계층에 속한 사람들의 일이 되었습니다. 예수님은 요한복음 12:24-25에서와 같은 신성한 관점을 보이심으로써 우리의 모든 자만심을 물리치십니다. 요약하면, 예수님은 자기 자아에 대해서는 죽는 것이 사는 것이며, 자기 목숨을 잃는 것이 곧 얻는 것이라고 말씀하십니다. 우리는 자신이 아니라 그리스도를 따르며 섬길 때, 다른 사람들을 섬기는 일에 유용한 사람이 됩니다. 제자의 삶과 섬김은 불가분하게 연결되어 있습니다.

주님께서 그의 일생을 통하여 보여 주신 모범은 언제나 다른 사람에게 온전히 순복하여 살아가는 삶이었습니다. 예수님께서 스스로 잃어버린 사람들을 섬기는 하나님의 종이 되셨던 것을 빌립보서 2:5-10, 특히 7절에서 사도 바울이 강조하고 있습니다. "오히려 자기를 비어 종(노예)의 형체를 가져 사람들과 같이 되었고."

종으로서 순종하는 삶의 특성은 곧 순복입니다. 아버지 하나님의 뜻은 곧 그리스도의 뜻이었습니다. 아버지의 말씀은 곧 그의 말씀이었습니다. 아버지의 방법을 곧 자신의 방법으로 삼으셨습니다. 이것이 순복입니다. 우리는 언제나 하나님의 아들이신 그리스도께 온전히 순복하여, 성령을 좇아 살아가는 편을 택해야 합니다.

순종하는 종의 외적으로 나타난 모습이 순복이라면, 그 내적인 표현은 온유함입니다. 온유함이란 어떤 것입니까? 온유라는 말은 "길들여진" 또는 "부서진"이라는 뜻이며 곧 지배된다는 의미입니다. 당신은 예수님이 자기로부터 배우라고 말씀하신 유일한 것이 무엇인지 기억하십니까? "나는 마음이 온유하고 겸손하니 나의 멍에를 메고 내게 배우라"(마태복음 11:29). 그리스도께서는 우리가 그로부터 온유함을 배우기 원하십니다.

당신은 예수님이 삶을 통해서 본을 보이시면서 본받으라고 말씀하신 한 가지를 기억하십니까? "내가 주와 또는 선생이 되어 너희 발을 씻겼으니 너희도 서로 발을 씻기는 것이 옳으니라. 내가 너희에게 행한 것같이 너희도 행하게 하려 하여 본을 보였노라"(요한복음 13:14-15). 다른 사람들을 섬기는 것이 그리스도를 닮는 것입니다.

베드로전서 2:21-23에서 베드로는 예수님이 우리에게 보여 주신 또 하나의 모본을 상기시켜 주고 있습니다.

이를 위하여 너희가 부르심을 입었으니 그리스도도 너희를 위하여 고난을 받으사 너희에게 본을 끼쳐 그 자취를 따라오게 하려 하셨느니라. 저는… 욕을 받으시되 대신 욕하지 아니하시고 고난을 받으시되 위협하지 아니하시고 오직 공의로 심판하시는 자에게 부탁하시며.

믿음으로 말미암은 온유함-잠잠히 고난을 받으신 것-은 그리스도의 성품입니다. 그렇다면 그의 제자들도 마땅히 순복함과 온유함으로 그리스도와 다른 사람들을 섬기는 성품을 가져야 합니다.

예수님은 누가복음 22:27에서 자신이 이 땅에서 보냈던 순례의 삶을 요약하셨습니다. "앉아서 먹는 자가 크냐? 섬기는 자가 크냐? 앉아 먹는 자가 아니냐? 그러나 나는 섬기는 자로 너희 중에 있노라." 예수님은 식사 때에는 떡을 떼셨으며, 가나에서는 새 포도주를 공급해 주셨으며, 바닷가에서는 식사를 준비하셨습니다. 그는 어느 때를 막론하고 상한 심령들과 지친 육신들을 돌보시고자 했습니다. 그는 겉옷을 벗고 수건을 가져다가 허리에 두르시고 그의 제자들과 유다의 발을 씻기셨습니다.

종의 마음을 가진 삶

바울은 네 서신서의 서두에 자신을 "그리스도의 종"으로 부르고 있습니다(로마서 1:1, 갈라디아서 1:10, 빌립보서

1:1, 디도서 1:1 참조). 그는 에베소에서 어려움 가운데 지냈던 3년 동안의 생활을 다음과 같이 회상하고 있습니다. "곧 모든 겸손과 눈물이며, 유대인의 간계를 인하여 당한 시험을 참고 주를 섬긴 것과… 환난이 나를 기다린다 하시나… 나의 생명을 조금도 귀한 것으로 여기지 아니하노라… 모든 사람의 피에 대하여 내가 깨끗하니, 이는 내가 꺼리지 않고 하나님의 뜻을 다 너희에게 전하였음이라… 범사에 너희에게 모본을 보였노니, 곧 이같이 수고하여 약한 사람들을 돕고"(사도행전 20:19-35).

바울은 자신을 그리스도의 종으로 드렸고 하나님께서는 그를 한 도시에 보내 주셨습니다. 바울은 왜 듣기를 꺼리는 군중들과 폭도들을 대면하여 섰습니까? 그는 왜 매 맞는 것과 빌립보 감옥에 갇히는 것도 감수하였습니까? 바울은 그리스도의 종으로서 성령의 인도하심을 받아 자신이 로마 시민권을 가지고 있음을 밝히지 않았습니다. 그는 간수가 지키는 깊은 옥에 던져졌습니다. 그러자 하나님께서는 그의 종 바울에게 입을 열고 찬미의 노래를 부르라고 말씀하셨습니다. 이 일이 있은 후에야 그는 입을 열었습니다.

바울이 이때 행한 일, 하나님께서 이루신 일은 얼마나 놀라운 일입니까? 바울과 실라는 그 도시에 그리스도의 종으로 보내심을 받아 옥에 갇히는 것도 꺼리지 않았고 마침내는 간수와 그 가족을 그리스도께로 인도하게 되었습니다. 종으로서의 삶을 살기 위해서 치러야 할 대가는 크지만 그 보상은 값으로 따질 수 없을 만큼 더 큽니다.

나는 때때로, "주님, 이 도시를 우리에게 주사 그리스도께로 인도하게 하소서"라고 기도했습니다. 그러나 하나님께서는 바울의 사역을 통하여 다음과 같이 말씀하시는 것 같았습니다. "나는 너를 이 도시에 주겠다."

종종-대개 저녁 식사 때-사람들이 우리 목사관 문을 두드리며 식료품이나 자동차 수리비로 쓸 돈을 좀 달라고 했습니다. 어떤 사람은 비행기표를 달라고도 했습니다. 당신은 어느 모로 봐도 자기 자식을 지저분하게 꾸민 후 차 안에 올려 보내 사람들로부터 물건을 얻어내서 생활을 꾸려 간다고 생각되는 사람을 어떻게 대하겠습니까? 우리는 음식을 필요로 하는 사람들에게 결코 거절한 적은 없습니다. 때때로 나는 기름을 채우거나, 타이어를 교체하거나, 점화 플러그나 변속기를 수리하거나, 또는 그 밖의 자동차에 관계된 필요를 해결해 주기 위해서 몇 달러씩을 주지 않을 수 없었습니다.

그러나 해가 지남에 따라서 내 마음은 점차 무감각해졌습니다. 가족들과 함께 하루를 보내고 싶어서 집에 있은 지 한두 시간도 못되어 나는 곧 혼자 있고 싶어졌습니다. 그럴 때면 나는 곧 차를 타고 다시 밖으로 나가 저녁 늦게까지 잃어버린 영혼들을 찾아다니곤 했습니다.

주님께서는 크신 사랑 가운데, 참으로 중요한 문제는 식품이나 돈이 아니라는 것을 내게 가르쳐 주시기 위해 계속해서 기회를 찾고 계셨습니다. 주님께서는 나의 태도를 고쳐 주시고자 하셨습니다. 그러나 도움을 청하러 온 사람들에게 나는 겉으로는 얼굴에 웃음을 띠고 있지만 속으로는 우리 집 바로 아래 구획에 있는 교회 사람들이 우리 집을 알려 준 것을 종종 못마땅하게 여기는 실패를 거듭하곤 했습니다. 내가 느끼기에 일하기 싫어한다고 생각되는 사람들에게 돈이나 식료품 따위를 주면서 하루 열여섯 시간을 보낸다는 것이 몹시 싫었습니다.

나의 아내는 말하곤 했습니다. "당신이 그들을 도우려고 하신다면, 은혜로운 마음으로 하셔야 해요. 당신이 달갑지 않은 태도를 가지게 되면 사람들로부터는 신망을 잃고, 하나님으로부터는 당신의 상급을 잃을 거예요." 주님께서는 나에게 "마땅히 주의 종은 다투지 아니하고 모든 사람을 대하여 온유"(디모데후서 2:24)해야 함을 가르쳐 주기 시작하셨습니다. "무슨 일을 하든지 마음을 다하여 주께 하듯 하고 사람에게 하듯 하지 말라. 이는 유업의 상을 주께 받을 줄 앎이니 너희는 주 그리스도를 섬기느니라"(골로새서 3:23-24).

내가 나 자신을 섬기려고 하는 나의 태도가 잘못된 것이었습니다. 그러나 내가 주님의 종으로 그리스도와 동일시하기 시작할 때, 닥치는 기회들은 축복이 되었고 다른 사람들의 삶 속에 나타나는 변화들을 읽을 수 있었습니다.

잃어버린 바 된 자들을 얻는 데 있어서, 종의 마음이 가지고 있는 능력에 대해 강조하고 있는 말씀들이 성경 곳곳에 기록되어 있습니다.

내가 모든 사람에게 자유하였으나 스스로 모든 사람에게 종이 된 것은 더 많은 사람을 얻고자 함이라. 유대인들에게는 내가 유대인과 같이 된 것은 유대인들을 얻고자 함이요, 율법 아래 있는 자들에게는… 율법 아래 있는 자같이 된 것은 율법 아래 있는 자들을 얻고자 함이요, … 율법 없는 자들에게는… 약한 자들에게는… 여러 사람에게 내가 여러 모양이 된 것은 아무쪼록 몇몇 사람들을 구원코자 함이니, 내가 복음을 위하여 모든 것을 행함은 복음에 참예하고자 함이라(고린도전서 9:19-23).

바울은 스스로 종이 되었습니다. 그리고 그는 "여러 사람에게 여러 모양이" 되었다고 적고 있습니다. 성령께서 바울을 그리스도의 종이 되게 하심으로 그가 유용한 사람이 될 수 있는 기틀을 마련하셨습니다. 그 후 바울은 그리스도의 마음과, 손과, 발이 되어 심판받아 죽어 가는 자들을 섬기는 자가 되었습니다.

그러나 바울은 여기에서 그치지 않았습니다. "유대인에게나 헬라인에게나 하나님의 교회에나 거치는 자가 되지 말고, 나와 같이 모든 일에 모든 사람을 기쁘게 하여 나의 유익을 구치 아니하고 많은 사람의 유익을 구하여 저희로 구원을 얻게 하라"(고린도전서 10:32-33). 그리스도의 삶과 그 메시지에 동일시한다는 것은 종의 마음을 가지고 잃어버린 자들에게 나아가는 일에 헌신하는 것을 의미합니다. "모든 사람에게 모든 모양이 된 것"은 초자연적으로 성취됩니다. 우리는 그리스도께서 우리를 통하여 자유롭게 섬기실 수 있도록 우리의 권리들을 포기하는 일부터 시작해야 합니다.

우리가 복음 전하는 세상

우리는 우리가 사는 세상을 복음화해야 합니다. 우리를 둘러싸고 있는 세계로는 가정, 이웃, 지역사회, 학교, 직장 그리고 교회 등이 있습니다. 우리는 현재 우리가 있는 곳과 주님께서 "땅 끝까지" 인도하시는 그곳에서 그리스도의 종이 됩니다.

우리는 이웃의 쓰레기통이 엎어져 있을 때 쓰레기와 폐물들을 줍는다거나 잔디를 깎아 줌으로써 구원받지 못한 이들을 섬깁니다. 또 이런 것 이외에도 여러 일들을 통해서 그 구원받지 못한 사람들은 복음에 마음을 열게 되고 몇몇 영혼이 그리스도를 영접하게 됩니다.

당신이 훈련시키고 있는 사람에게 이러한 아이디어를 전해 주려면 특별한 일들을 함께 해야 합니다. 당신의 제자가 그의 이웃들과 친구들, 또한 딱한 형편에 있는 사람 및 손윗사람들과 함께 할 수 있는 일거리들을 구상하여 창조적으로 수행해 보도록 격려하십시오. 제자로서 우리는 바쁜 세상에서 다음과 같은 것들을 통해 종의 마음을 드러낼 수 있습니다.

◆ 친근감을 줌(갈라디아서 6:10 참조)
◆ 모든 사람을 환대하며 사람을 차별하지 않음
◆ 사람들을 귀하게 여기고 시간을 투자하여 만나고 그들을 섬김
◆ 다른 사람들을 돕는 방법을 창조적으로 찾음(히브리서 10:24 참조)
◆ 다른 사람들의 인정을 받기 위해서가 아니라 필요를 따라 섬김(갈라디아서 1:10 참조)
◆ 자신의 영적 은사를 섬기는 통로로 활용함(베드로전서 4:10)

그리스도 안의 형제들을 섬김

종의 마음을 가진 사람들의 이름이 여러 바울 서신서들의 마지막 페이지에서 금처럼 빛나고 있습니다. 고린도의 스데바나의 가족은 항상 다른 사람들을 섬기며 일했습니다. "형제들아, 스데바나의 집은 곧 아가야의 첫 열매요 또 성도 섬기기로 작정한 줄을 너희가 아는지라"(고린도전서 16:15). 작정한이란 말은 문자 그대로는 "스스로 약속한"이란 의미입니다. 즉 이 말은 "스스로 부과한 의무"라는 뜻입니다.[1] 같은 장에서 아굴라와 브리스길라는 일찍이 로마에서 그랬던 것처럼 고린도에서도 그들의 집을 교회로 사용하도록 하고 있었습니다. 사도 바울을 섬긴 에바브로디도의 사역이 기록되어 있는데 이는 하나님께서 모든 직책을

존귀히 여기심을 보여 줍니다(빌립보서 2:25-30 참조).

제자로 하여금 종의 마음을 갖도록 도와주는 데 아주 격려가 되는 말씀 중 하나는 히브리서 10:24입니다. "서로 돌아보아 사랑과 선행을 격려하며." 우리는 다른 사람들을 돌아보며 사랑과 섬김의 삶을 격려해야 합니다. 우리는 주님께서 우리 마음에 한 사람을 주시도록 구하며 그들의 필요를 발견하고 채워 줌으로 그들이 하나님께 대해서 관심을 가질 수 있도록 도와주어야 합니다.

우리가 폭넓은 관심을 가지고 그 삶을 도와주던 우리 교회의 한 가정이 있었는데 언제부터인가 우리와 통 말을 하려고 하지 않는 것이었습니다. 우리는 그 원인을 찾아 사과하려고 했으나 그들은 도무지 그 이유를 아무에게도 이야기하려 하지 않았습니다. 우리는 그들을 진정으로 사랑하고 존경했으므로 매일 그들을 위해 기도했습니다. 그렇지만 별 진전이 없는 것 같았습니다. 그러자 주님께서는 나에게 히브리서 10:24 말씀을 적용해 볼 필요가 있음을 보여 주셨습니다. 나와 아내는 함께 기도한 후 그 가정에 꽃을 보내 줌으로써 우리의 사랑을 보여 주기로 작정하고, 곧 아름다운 국화를 보내도록 꽃 가게에 주문했습니다. 그러나 2주일이 지나도 그들 편에서 별다른 태도의 변화가 없었습니다. 꽃 가게에 확인해 보았는데 꽃은 주문대로 확실히 배달되었다고 했습니다. 그래서 우리는 기도했습니다. 다시 한 주일이 지나 그 부부가 우리 사무실로 찾아와 함께 이야기할 수 있었습니다. 그들은 그들의 문제를 이야기해 주었고, 내가 좋다고 느낀다면 다른 교회에 나가겠다고 말했습니다. 나는 그들을 사랑하며, 위하여 기도하였고 그들의 봉사가 필요하다고 이야기했습니다. 그날 오후 하나님께서는 다시 우리들의 마음을 묶어 주셨고 우리의 관계는 회복되었습니다. 히브리서 10:24은 내가 제자들로 하여금 배우고 적용하도록 권면하는 구절입니다.

1800년대 말에 영국의 많은 목사들이 D. L. 무디의 노스필드 성경 수양회에 왔습니다. 목사들은 영국에서의 풍습처럼 자기 구두를 방문 밖에 내놓으면 수양관 고용인들이 밤 동안 닦아 놓으리라 기대했습니다. 그러나 그 모임에는 그런 고용인들이 없었습니다.

그날 저녁 무디는 숙소 복도를 걷고 있다가 열두 켤레 남짓한 더러운 구두가 복도에 있는 것을 발견했습니다. 무디는 이때야말로 형제들을 섬길 수 있는 좋은 기회라 여기고 그 구두에 대하여 몇몇 신학생들에게 이야기했습니다. 그렇지만 그 가운데서 선뜻 나서는 사람은 아무도 없었습니다. 무디는 다시 숙소로 돌아와서 거기 있던 구두를 모두 모아 나중에 서로 섞이지 않도록 각 구두에 방 번호를 주의 깊게 표시했습니다. 무디는 혼자 자기 방에서 그 구두들을 닦고 윤을 내기 시작했습니다. 한 친구가 무디 방에 찾아왔다가 구두를 수북이 쌓아 놓고 열심히 닦고 있는 무디를 보았습니다.

다음날 아침 영국 목사들이 방문을 나설 때 구두는 빛나고 있었지만, 그들은 이에 대해 별다른 눈치를 채지 못했습니다. 무디는 아무에게도 이야기하지 않았지만 구두를 닦기에 지친 그의 친구가 몇 사람에게 귀띔해 주었습니다. 수양회가 지나면서, 무관심하던 사람들이 슬금슬금 구두를 닦겠다고 자원하게 되었습니다.

종의 마음은 사람을 사로잡습니다! 우리가 그리스도로 말미암아 얻은 성품은 종 되신 우리 주님의 형상에 이르기까지 자라 가길 원하는 사람들을 사로잡게 됩니다. 종의 마음은 다른 사람이 당신의 삶에 매력을 느끼게 하며, 그들로 하여금 당신과 함께할 때 평안을 누리게 하고 당신이 훈련시키고 있는 제자들에게 더욱 예수님을 닮아 가고자 하는 열망을 더해 줄 것입니다. "하나님이 불의치 아니하사 너희 행위와 그의 이름을 위하여 나타낸 사랑으로 이미 성도를 섬긴 것과 이제도 섬기는 것을 잊어버리지 아니하시느니라"(히브리서 6:10).

연구와 토론을 위한 질문

1. 성서적인 지도력이 섬김과 밀접한 관계가 있는 이유는 무엇입니까? 이 개념은 당신의 직장과 교회, 그 밖의 환경에서 당신이 경험한 바와 어떻게 비교됩니까?

2. 우리는 어떻게 그리스도로부터 온유함을 배워서 그의 계명을 이룰 수 있습니까?(마태복음 11:28-30 참조)

3. 당신이 그리스도의 종으로서 사람들을 섬기는 데 있어서 개인적으로 치러야 할 대가를 몇 가지 생각해 볼 수 있겠습니까?

4. 히브리서 10:24을 큰 소리로 읽으십시오.
   1) 당신 교회에 다른 사람을 사랑하는 면에 자극이 필요하다고 생각되는 한 사람을 적어 보십시오, 당신이 이 사람에게 선행을 격려하기 위해 해야 할 것이 무엇인지 하나님께 기도하십시오. 케이크를 굽는다든지, 꽃을 보낸다든지, 감사의 말을 적은 편지를 써 보내도록 하십시오. 특별한 인상을 주기 위해서 당신의 이름을 밝히지 말고 은밀히 선물을 전하도록 하십시오.

   2) 당신이 증인으로서의 삶을 살아야 할 각처에서(84-85페이지 참조) 만나는 사람 중에 그리스도가 필요한 사람의 이름을 세 명 정도 적어 보십시오. 매일 그들을 위해 기도하십시오. 하나님께서는 당신의 삶과 관

련하여 히브리서 10:24의 말씀을 적용하고자 할 때 무엇을 하기 원하시는지 그 뜻을 구하십시오. 하나님께서는 당신이 처한 그곳에서 당신에게 한 사람을 주셔서 섬길 수 있게 하실 것입니다.

그 결과를 다른 제자들과 나누도록 하십시오.

주:

1. Archibald Robinson and Alfred Plummer, *International Critical Commentary: A Critical and Exegitical Commentary on the First Epistle of St. Paul to Corinthians* (New York: Charles Scribner's Sons, 1911), page 395.

제 **8** 장

제자와
함께하는 삶

"유용한 사람이 유능한 사람보다
더 찾아보기 힘들다."
-무명씨

사도행전 20:17-38은 바울이 에베소에서 보냈던 3년을 기록하고 있는데 단 3년 안에 우상숭배를 벗어나 견고한 목자들이 세워질 수 있을 만큼 성숙한 교회로 자랄 수 있었던 교제 관계를 보여 주고 있습니다. 바울은 영적 배가자들을 세워 주는 데 필요한 세 가지 원리를 사용하여 이 교회를 세웠습니다.

  그 첫째 원리는 제자들과 폭넓게 삶을 함께하는 것입니다. 둘째 원리는 부모의 마음으로 사랑하고 보살피는 것입니다(9장). 셋째로, 바울은 본을 보이는 원리를 사용했습니다(10장).

동행: 함께하는 원리

예수님은 열두 제자를 택하셔서 자기와 함께 있게 하심으로, 그들이 자기를 바라보고 본받음으로써 그 사역을 관찰하고 배우게 하셨을 뿐만 아니라, 자기의 삶을 함께 나누셨습니다. 마가복음 3:14에서 "이에 열둘을 세우셨으니 이는 자기와 함께 있게 하시고 또 보내사 전도도 하며"라고 기록한 것을 볼 수 있습니다. 이 구절은 배가자를 세우는 세 단계 과정을 보여 주고 있습니다. 선택, 훈련, 파송. 이 각 단계에서 그리스도께서 함께하신 것은 물론입니다.

이러므로, 성서적인 제자삼는 사역의 한 가지 중대한 문제는 시간입니다. 왜냐하면 성장하는 제자에게 자기의 삶을 투자한다는 것은 그와 함께 폭넓게 시간을 보내지 않고는 이루어질 수 없기 때문입니다. 그리스도께서는 헌신적으로 자신을 드려 함께할 수 있는 몇 안 되는 제자들을 위해 시간을 내주셨습니다. 그는 자기의 시간을 모든 사람에게 주실 수는 없었습니다. 예를 들면, 그는 귀신들린 자를 고치신 후 그에게 집으로 돌아가라고 말씀하셨습니다.

당신의 삶을 투자해 줄 수 있는 사람의 숫자는 당신이 각 사람의 필요를 채우기 위해 기꺼이 헌신적으로 드릴 수 있는 시간으로 제한됩니다. 한 그룹을 대상으로 일주일에 한 시간을 보내는 것은 그저 학구적일 수는 있습니다. 하지만 그렇게 해서는 결단코 질적인 제자들을 얻을 수 없습니다. 왜냐하면 다른 사람의 삶에, 시간—즉 자기 자신—

을 투자하신 그리스도의 본을 따르지 않은 것이기 때문입니다. 우리가 제자로 삼고 있는 사람들을 위해 중보기도를 하는 것은 사랑의 보이지 않는 내적 정수이며, 시간을 함께 보내는 것은 제자삼는 삶의 외적인 표현입니다.

우리는 사도행전과 여러 서신서들을 통하여 바울이 그룹 교제와 훈련에 얼마나 엄청난 시간을 쏟았었나를 알 수 있습니다. 바울은 새로 믿게 된 자들과 "첫날부터 지금까지 내가 항상 너희 가운데서"(사도행전 20:18) 함께했다고 기록하고 있습니다. 그는 에베소에서 보낸 시간을 마무리 지으면서 다음과 같이 기록하고 있습니다. "그러므로 너희가 일깨어 내가 3년이나 밤낮 쉬지 않고 눈물로 각 사람을 훈계하던 것을 기억하라"(사도행전 20:31).

바울은 3년 동안 에베소에 있으면서 어떤 일을 했습니까? 그는 자기 자신과 그의 팀에 쓸 것을 공급하였으며, 또한 "공중 앞에서나 각 집에서나 꺼림이 없이"(사도행전 20:20) 말씀을 전하고 가르쳤습니다. 그는 또한 이방인의 도시에서 섬기고 복음 전하는 데 필수적인 모든 원리들을 믿는 자들에게 보여 주었습니다(사도행전 20:35 참조). 바울이 에베소 장로들에게 행했던 사역을 돌이켜 본 내용을 통해서 우리는 그가 무엇보다도 배가하는 교회를 세우는 데 절대적 우선순위를 두었다는 것을 알 수 있습니다.

복음 전파와 가르침을 통해서 지도자가 훈련되었기 때문에 바울은 그가 없는 가운데서도 독립하여 사역할 수 있는 장로들에게 교회를 맡기고 떠날 수 있었습니다. 그리스도의 사랑이 바울과 그의 팀을 통하여 에베소 교회에 부어진 바 되었기 때문에, 그가 에베소를 떠날 때, "다 크게 울며 바울의 목을 안고 입을 맞추고"(사도행전 20:37) 했던 것은 놀랄 만한 일이 못됩니다.

많은 경우에 목사의 임기가 단기간으로 되어 있습니다. 선교사로서의 사역도 정부 체제가 바뀌고 외국인들에게 문호가 닫힘에 따라서 갈수록 시간적인 제약에 직면하고 있는 실정입니다. 스티븐 닐이 통렬한 말로 경고한 것처럼, "선교사(또는 목사)는… 수많은 선배들이 빠져들었던 '영원히'라는 환상에 사로잡히지 않게 스스로를 방어해야 합니다."[1] 주님의 일꾼이, 자신이 이끌고 있는 사람들의 숫자가 아무리 적어도, 실망하지 않을 수 있는 비결은, 돕고 있는 제자들 한 사람 한 사람에게 집중하여 각 사람을 견고하게 세워 주는 것입니다. 그의 사역의 영향력이 언제까지 지속될지는 그가 뒤에 남기는 그 훈련된 제자들에게 달려 있을 것이기 때문입니다.

제자삼는 사역에서 훈련의 질이야말로 최고 수준을 유지해야 합니다. 그렇지 않으면 제3, 제4세대에 가서는 성경에 제시된 제자의 삶을 살지 못하고 변질되게 될 것입니다. 사람이 마시는 물도 수원지에서 아래로 내려갈수록 더 오염됩니다. 우리의 삶은 우리의 메시지입니다. 에이브러햄 링컨은 말했습니다. "나는 나의 할아버지가 어떤 분인지 모릅니다. 그것보다는 오히려 그의 손자가 어떤 사람이 될 것인가에 더 많은 관심이 있습니다."[2]

주린 제자에게 당신은 무엇을 가르칠 것인가?

어떤 사람이 당신에게 다음과 같은 제안을 했다고 합시다. "앞으로 6개월 동안 일주일에 10시간 정도를 당신에게 할애하겠습니다. 저를 길러 주시고, 가르쳐 주십시오. 언제든 응하겠습니다." 이런 때 당신은 어떻게 하시겠습니까? 이 질문에는 교회에 나가고 있는 많은 사람도 대답하기가 곤란할 것입니다.

먼저, 하지 말아야 할 것들이 있습니다.

- ◆ 떠벌이는 것. 당신에게는 성서적으로 성취해야 할 구체적인 목표가 있습니다. 불필요한 일들에 시간을 낭비하지 마십시오.
- ◆ 교회에 대한 불평.
- ◆ 어려움을 서로 하소연하는 것.
- ◆ 한 사람은 듣고 한 사람은 강의하는 식으로 성경공부 교재를 훑어 나가는 것.

몇 가지 성서적인 요소들이 함께하는 원리의 중심이 됩니다. 우리가 정규적으로 제자들과 만날 때는 다섯 가지 우선적으로 나누어야 할 것이 있습니다. 다만 매번 모임 때마다 소요되는 시간은 성령의 인도하심에 따라 가감될 수 있습니다.

진보된 점. 말해 주는 것이 가르치는 것은 아닙니다. 또한 듣는 것이 배우는 것은 아닙니다. 어떤 진보가 있었는지를 나누십시오. 지난 시간에 준 과제를 점검하는 일을 지속적으로 하십시오. 예수님은 장래의 세대로 뻗어 나가는 일을 무력하게 만드는 어떤 일도 결코 간과하지 않으셨습니다. 점검을 함으로써 당신은, 공부에 우선순위를 두지 않고 공짜로 구경이나 하려고 하는 사람들로 인하여 시간 낭비하는 일이 없을 것입니다.

성서적인 원리들. 성서적인 원리들에 관하여 제자와 함께 토론하십시오. 교리적인 내용들을 가르치고 하나님의 말씀을 일상생활에 어떻게 적용하는지를 알려 주십시오.

몇 개월에 걸쳐서 다룰 수 있는 성경의 내용과 관련된 주제들이 아래에 열거되어 있습니다. (이들 중 대부분은 *Building Disciples Notebook*[3]에 나옵니다.)

- ◆ 구원의 확신
- ◆ 경건의 시간
- ◆ 기도
- ◆ 성령
- ◆ 자백
- ◆ 죄로부터 승리
- ◆ 세상, 육신, 사탄으로부터의 분리
- ◆ 교제(교회 안팎)
- ◆ 성경: 듣기, 읽기, 암송, 묵상, 공부 방법들
- ◆ 하나님의 약속을 주장함

- ◆ 말씀을 삶에 적용함
- ◆ 증거: 개인 간증을 나누고 복음의 기본적인 내용을 설명해 주는 방법
- ◆ 그리스도의 주재권
- ◆ 대인 관계: 안 믿는 사람들, 가족, 교회, 남녀 관계
- ◆ 세계비전과 선교
- ◆ 목표 설정
- ◆ 금전 사용
- ◆ 시간 사용
- ◆ 양육과 제자삼기
- ◆ 일대일 사역의 전개 방법
- ◆ 하나님의 뜻(어떻게 성령의 인도하심을 따라 살아가는가)
- ◆ 혀의 제어
- ◆ 태도
- ◆ 그리스도의 재림
- ◆ 사탄

 제자 훈련에서 모든 사람이 한결같이 이 순서를 따르지는 않겠지만, 다루어야 할 내용에 관해서는 대부분 동의할 것입니다. 각 개인마다 서로 차이가 있으므로 이런 주제들을 설명하고 적용하도록 도울 때는 각 사람의 필요에 맞게 조정할 필요가 있을 것입니다.
 그리스도의 영으로 말미암아 당신이 개인적으로 배운

교훈들도 나누어야 합니다. 당신의 삶에서 실현되어 온 성서적인 원리를 제자에게 보여 주는 것보다 더 빨리 두 사람 사이의 관계를 성서적인 수준에 이를 수 있도록 촉진시켜 주는 것은 없습니다.

문제의 처리. 제자의 개인적인 삶에서 당면하는 어려움들을 해결하고 성장을 방해하리라 예상되는 문제들을 예방하도록 하십시오. 좀 더 자유스럽고 개방적인 관계로 발전되어 감에 따라, 제자는 마음에 입은 상처, 궁금한 것, 의심나는 것, 겪고 있는 어려움들을 나누기 시작할 것입니다.

신약성경 서신서들의 대부분은 지역교회 내의 문제점들을 해결하기 위해 쓰인 것입니다. 이들 서신서 내용의 대부분이 교리, 행위 및 대인 관계 등을 다루고 있습니다. 우리 가운데 많은 사람들은 문제들에 직면하여 이것들을 해결해 나가면서 배우고 성장합니다. 그리스도인의 삶은 고난이 따르며 이런 곤경을 극복해 나가는 법을 배우는 일이 수반되는 것입니다(빌립보서 1:29, 3:10, 베드로전서 2:20-21 참조).

그러나 문제 해결에 들이는 시간을 주의 깊게 조절해서 균형을 깨뜨리지 않아야 합니다. 왜냐하면 어떤 사람들은 자기 문제들을 터뜨리는 것이 삶의 전부인 양 착각하고 있기 때문입니다. 그런 사람들은 쉽게 알아볼 수 있는데 일반적으로 그들은 당신과만 아니라 다른 사람들과도 이야기를 나누기 원합니다. 그들은 자기에게 동의해 줄 조언자를 찾아 헤맵니다.

　기도. 찬양과 중보의 기도를 함께 하십시오. 다른 사람과 함께 기도하는 것이야말로 삶에서 가장 친밀해지는 활동 중의 하나입니다. 당신은 다른 사람과 함께 많은 시간을 기도하기 전에는 그 사람을 알지 못할 것입니다. 다른 사람들이 느끼는 아픔, 그들이 필요로 하는 것, 그들의 열망과 목표가 무엇인지를 알고자 할 때 오랜 시간 동안 기도하는 것보다 더 도움이 되는 것은 없습니다.

　기도 목록을 사용하십시오. 당신의 제자가 구체적인 기도 제목, 응답, 주장하는 말씀 및 기도 날짜들을 기록함으로써 하나님의 신실하심을 볼 수 있는 기도 노트를 계속 써나가도록 격려하십시오. 이 기도 노트를 점검해 보면서 과거에 하나님께서 함께하시며 해결해 주셨던 하나님의 기적적인 방법들을 보게 됨에 따라, 앞으로의 기도에 대한 그의 믿음은 더욱 자라게 될 것입니다.

　실행. 먼저 살펴본 진보된 점, 원리들, 문제 처리 및 기도의 4요소는 모두 실행에 옮겨져야만 합니다. 당신이 함께하는 시간을 다른 사람들의 필요를 따라 섬기는 방향으로 이끌어 갈 때 성경 말씀을 새롭고 실제적인 면으로 적용할 수 있게 될 것입니다. 함께 실행하십시오. 특히 잃어버린 영혼에게 그리스도를 전할 때 그렇게 하십시오. 이것이 바로 당신이 말씀을 듣기만 하는 자가 아니라 실행하는 자(야고보서 1:22 참조)가 되는 것을 보여 주는 방법입니다. 그를 위한 당신의 중보기도와 그와 함께 그리스도를 증거하는 당신의 삶은 서로 하나가 되어 둘 다 영적으로 성장할 수 있도록 해줄 것입니다.

연구와 토론을 위한 질문

1. 당신의 삶에서, 다른 그리스도인이 한 시간 정도의 시간을 당신과 개인적으로 보내 주었기 때문에 당신이 영적으로 세워진 경우가 있으면 몇 가지 나누어 보십시오.

2. 당신이 학교, 가정, 직장에서, 또는 레크리에이션 시간 등에 다른 사람의 가르침을 통하여 어떻게 배워 왔는가를 토론해 보십시오.

3. 어떤 일을 배우는 데 있어서 시간이란 요소에 관하여 토론해 보십시오. 구두끈 묶기, 노래 잘 부르기, 성인반 가르치기, 잃어버린 영혼에게 증거하는 일, 문제가 있는 사람과의 상담 등을 배우는 데 얼마나 많은 시간이 필요합니까?

4. 제자삼는 사역에 드는 시간은 다른 조직적인 교회 활동 (예를 들면, 교회학교의 공과 시간, 기타 공식 모임 등) 시간과는 어떻게 달라야 합니까?

5. 다른 사람을 제자로 삼기 위해 만날 때, 이 장에 나오는 다섯 가지 "우선순위" 각 항에 대한 시간 투자의 가치를 매겨 보십시오. 시간이 제자삼는 사역의 많은 영역 중에서 주된 요소가 되는 이유는 무엇입니까?

6. 다른 사람과 나누어야 할 주제들을 재검토해 보십시오. 가장 중요하다고 생각되는 것, 덜 중요하다고 여겨지는 것, 또는 불필요하다고 생각되는 것은 무엇입니까? 당신이 덧붙이기 원하는 주제나 제시된 순서를 좀 바꾸고 싶은 것이 있습니까? 당신의 생각을 이야기해 보십시오.

7. 말해 주는 것, 가르치는 것, 훈련시키는 것의 차이점은 무엇입니까? 왜 훈련이 제자를 삼는 데 필수 불가결한 요소가 됩니까?

주:

1. Stephen Neill, as quoted by Ted Engstrom, ***What in the World Is God Doing?*** (Waco, Texas: Word Books Inc., 1978), page 61.
2. Abraham Lincoln, as quoted in "quotable quotes," ***Reader's Digest,*** December, 1979, page 157.
3. Waylon B. Moore, ***Building Disciples Notebook*** (available from Missions Unlimited Inc., Box 8203 Tampa, Florida 33603). The notebook includes studies and devotional aids for a period of from twenty-six weeks to three years.

제 9 장

부모의 마음

"소유자가 아니라 부모가,
주관자가 아니라 돕는 자가 되라."
-라오 추

대부분의 교회에는 영적으로 어린아이들이 많이 있지만, 그들을 책임지고 돌볼 영적인 부모는 적습니다.

바울은 하나님께서 구원받게 한 자들을 또한 성장시키실 것을 확신한다고 말했습니다(빌립보서 1:6 참조). 그가 이런 확신을 가진 이유는 무엇입니까? 그는 영적인 부모로서 그리스도 안에 있는 그의 자녀들을 위해 항상 기도했으며(빌립보서 1:3-4 참조) 그들을 사랑했으며, "내가 너희 무리를 위하여 이와 같이 생각하는 것이 마땅하니 이는 너희가 내 마음에 있음이며…"(빌립보서 1:7)라고 말할 수 있었습니다.

자신의 삶을 전 세계에 걸쳐 배가하기를 원하는 사람은 부모가 그 자녀를 책임지듯 다른 사람의 삶에 대하여 사랑의 책임을 져야 합니다. 바울은 데살로니가에 있는 새로운 그리스도인들을 대하여 어머니로서 때로는 아버지로서 섬겼습니다(데살로니가전서 2:7,11 참조). 아버지나 어머니가 자녀를 훈련시킬 수 있는 방법은 한 가지뿐입니다. 곧, 한 사람 한 사람씩 일대일로 그 필요를 채워 주는 것입니다. 세 살짜리는 열 살짜리와는 다른 필요들을 갖고 있습니다. 마찬가지로 교회 안에서의 영적인 여러 필요들도 개인적인 관심과 훈련에 의하여 가장 잘 충족될 수 있습니다.

제자삼는 부모가 된다는 것이 쉬운 일은 아닙니다. 영원을 위해 살고자 하는 영혼과 함께하는 일에는 각기 사랑과 훈련으로 치러야 할 값이 있습니다. 일단 그리스도로부터 그러한 과제를 부여받게 되면, 부모-자녀의 제자삼는 관계는 때로 일생 동안 계속되어 동역하는 성숙한 교제 관계로 성장해 가게 됩니다.

제자삼는 일은 다른 사람의 삶 속에 하나님의 은혜를 영구히 '예탁'해 놓는 것이라 할 수 있습니다. 이 일은 참으로 온 교회가 추구할 만한 가치 있는 일이며 크나큰 특권입니다! 왜냐하면 일단 다른 사람의 삶에 영적 투자가 이루어지면, 당신은 영원에 이르기까지 그 삶을 통해 거두어들인 영원한 상급들 및 모든 영광을 함께 나누게 될 것이기 때문입니다. 바울은 이 점에 관하여 그가 훈련시켜 성장하는 그리스도인들에게 쓴 편지에서 이렇게 적은 적이 있습니다. "너희는 우리의 영광이요 기쁨이니라"(데살로니가전서 2:20).

우리는 영적 부모로서 제자들을 사랑하고, 먹이고, 보호하고, 훈련시켜야 하는 4중의 책임을 지고 있습니다.

부모는 그의 영적 자녀를 사랑한다

"너희가 서로 사랑하면 이로써 모든 사람이 너희가 내 제자인 줄 알리라"(요한복음 13:35). 제자들을 향한 그리스도의 사역을 통하여 볼 때 그의 사역의 가장 우선적인 동기가 된 것은 사랑이었습니다. 바로 이것이 이 시대를 사는 그리스도의 제자들인 우리 각자가 가져야 할 가장 두드러진 성품이 되어야 할 것입니다.

예수님이 제자들의 태도나 욕망들을 항상 옳다고 여기시지는 않았지만, 언제나 그들을 인격적으로 용납하고 사랑했습니다. 그가 곁에 계실 때 제자들은 위안을 느꼈습니다. 그들은 그가 다르다는 것을 알았습니다. 그리스도의 대적들이 그가 세리와 죄인들의 친구가 되었다고 말할 때, 제자들은 부지불식간에 다른 사람들에 대한 그의 사랑에 주목하게 되었습니다.

사랑이란 어떠한 희생을 무릅쓰고라도 다른 사람의 가장 깊은 필요를 채우는 일에 헌신된 태도입니다. 바울은 에베소의 장로들에게 말했습니다. "유익한 것은 무엇이든지 공중 앞에서나 각 집에서나 꺼림이 없이 너희에게 전하여 가르치고"(사도행전 20:20). 그는 데살로니가인들에게도 다음과 같이 상기시켰습니다. "우리가 이같이 너희를 사모하여 하나님의 복음으로만 아니라 우리 목숨까지 너희에게 주기를 즐겨함은 너희가 우리의 사랑하는 자 됨이니라"(데살로니가전서 2:8). 바로 그리스도께서 우리를 사랑하사 자신을 주신 것처럼, 우리도 다른 사람들을 돕기 위해 우리 자신과 우리의 권리를 포기함으로써 사랑을 나타내야 합니다.

이렇게 다른 사람의 필요를 채우는 일에 사랑으로 헌신하는 경우 때때로 정면으로 어려운 문제에 부딪히기도 합니다. 바울은 에베소인들에게 그들 중에서 겪었던 어려움에 관해 다음과 같이 상기시켰습니다. "그러므로 너희가 일깨어 내가 삼 년이나 밤낮 쉬지 않고 눈물로 각 사람을 훈계하던 것을 기억하라"(사도행전 20:31). 바울이 그러한 문제에 맞부딪혀 극복하기까지 끊임없이 관심을 가지고 훈계하기 위해서는 얼마큼 담대한 사랑이 필요했겠습니까?

나의 경우엔 항상 그렇지는 못했습니다. 당신의 경우도 아마 그렇지 못할 것입니다. 나는 때때로 사랑하기 때문에 발생할 수 있는 개인적인 마찰을 피했습니다. 나는 죄 가운데 있는 사람들을 대면하여 그들이 회개하고 다시 회복하도록 겸손히 인도할 수 있을 만큼 깊게 사랑하지 못하고 오히려 이 일에 두려움을 느끼며 꺼려해 왔습니다. 그래서는 안 될 일이었습니다. "그가 우리를 위하여 목숨을 버리셨으니 우리가 이로써 사랑을 알고 우리도 형제들을 위하여 목숨을 버리는 것이 마땅하니라"(요한일서 3:16).

"우리의 목숨을 버린다"는 것은 날마다 우리 자신을 죄에 대하여는 죽고 그리스도에 대하여는 산 것으로 여겨 우리로 하여금 사랑의 살아 있는 통로가 되게 하는 것을 의미합니다(요한복음 17:26 참조). 사랑은 성령께서 우리 삶을 다스리심을 증거하는 시금석이며(갈라디아서 5:22 참조), 우리를 다른 사람들과 친밀하게 해주어 그들을 통해서 일어날 수 있는 배가의 가능성을 더욱 확실하게 해줍니다. 그러나 우리의 제자들에 대한 이러한 사랑이란 "우리가 생각하는 방식대로 초신자를 만드는 것이 아니라, 예수님의 제자들로 기르는 것"[1]을 의미합니다.

수년 전에 나는 우리 교회의 한 집사님에게 그에게는 목자로서의 은사가 있으니 목회하는 길로 들어서는 것이 어떻겠는지 진지하게 고려해 볼 것을 제의했습니다. 그러던 중 몇 가지 언짢은 일이 일어나서 그는 우리 교회를 떠나갔습니다. 사람들이 그에 관하여 내게 물었지만 나는 끝까지 그에 관하여 부정적인 말은 하지 않았고, 그가 보다 넓은 사역 안에서 그리스도를 섬길 수 있으리라 믿었습니다. 나는 또한 그를 위해서 열심히 기도했습니다.

수년 후 그는 전임 사역자로서 섬기라는 하나님의 부르심에 응하였고, 현재는 활력이 넘치는 목회 사역을 하고 있습니다. 최근 몇 년 만에 처음으로 우리가 만났을 때 그는 말했습니다. "목사님, 저의 삶에 역사하여 변화를 일으켜 왔고 또 지금 제가 사용하고 있는 많은 것들이 목사님의 사역 아래에서 배운 것입니다." 우리가 사랑할 때 잃는 것은 결코 없습니다!

　영적 자녀들에 대한 바울의 참된 사랑이 고린도후서의 각 장을 빛나게 하고 있습니다. 비록 오해를 받고 부당하게 비난을 받아도 바울은 꾸준하게 밀고 나갔습니다. 어떤 때는 그리스도인들에 대한 사랑으로 가슴이 터질 듯하여 이렇게 말하기도 했습니다. "내가 너희 영혼을 위하여 크게 기뻐함으로 재물을 허비하고 또 내 자신까지 허비하리니 너희를 더욱 사랑할수록 나는 덜 사랑을 받겠느냐"(고린도후서 12:15).

　사랑할 수 있는 능력은 결코 사람이나 사물에 달려 있지 않습니다. 그것은 오직 성령과의 관계에 근원을 두고 있습니다(로마서 5:5 참조). 성령의 열매가 바로 사랑입니다(갈라디아서 5:22 참조). 사랑의 결여는 성령과의 친밀한 교제 관계가 결여되어 있다는 것을 보여 주는 것입니다. 성령께서 당신에게 다른 사람을 사랑할 능력을 주실 때 당신이 받아들이기만 하면 당신은 넘치는 사랑을 가지고 제자삼는 교제 관계를 다시 시작할 수 있을 것입니다. 당신은 사랑을 통해서 당신의 목표를 성취할 것입니다.

부모는 그의 영적 자녀를 먹인다

바울은 사도행전 20장에서 그가 에베소에서 보냈던 3년을 정리하면서, 제자들에게 하나님의 말씀을 지속적으로 먹여 준 것을 상기하고 있습니다. "유익한 것은 무엇이든지

… 너희에게 전하여 가르치고"(사도행전 20:20), "이는 내가 꺼리지 않고 하나님의 뜻을 다 너희에게 전하였음이라"(사도행전 20:27).

처음에 어린 아기는 다른 사람이 먹여 줍니다. 다음에 점차 자라 가면서 스스로 먹을 수 있게 되고, 마침내는 어른이 되어 다른 사람들을 먹일 수 있게까지 됩니다. 제자삼는 자의 가장 주된 목표 중의 하나는 제자에게 스스로 섭취하는 방법을 가르쳐서 결국에는 그가 다른 사람들도 먹일 수 있도록 돕는 것입니다. 여기에 당신이 그를 도와 하나님의 말씀을 그의 삶 속에 섭취할 수 있도록 하는 몇 가지 방법들이 있습니다.

경건의 시간에 대하여 가르침

다니엘 6:10-11은 하나님과 함께하는 경건의 시간에 대한 좋은 예가 됩니다. 여기에는 다니엘이 기도한 장소, 시간, 내용이 들어 있기 때문입니다.

정해진 장소. 우리는 방해받지 않고 주님과만 함께할 수 있는 정해진 장소가 필요합니다. 당신의 집이 조용하지 않으면 주위의 다른 곳도 좋을 것입니다. 조용한 거리에 주차되어 있는 당신의 차 안, 이른 아침 집 근처를 거닐면서, 또는 혼자 천천히 달리면서 해도 좋습니다. 그러나 어느 장소를 택하든 매일, 은밀히 경건의 시간을 가질 수 있도록 당신의 '골방'에 들어갈 수 있어야 합니다(마태복음 6:6 참조).

정해진 시간. 아침에 하나님과 만나는 것은 그리스도께서 가지셨던 습관입니다(마가복음 1:35). 아침은 다가오는 바쁜 하루를 위해 잘 준비할 수 있기에 많은 사람에게 가장 좋은 시간입니다. 주님과 만나기 위해 아침 일찍 일어날 수 있으려면, 그 전날 밤에 주님과 약속하십시오. 아침에 10분간이라도 주님과 교제하는 것이 전혀 않는 것보다 낫습니다. 짧은 시간에서부터 시작하여 자연스럽게 연장시켜 가십시오. 당신이 주님을 더 잘 알기를 갈급해하고 삶 속에서 그를 경험해 감에 따라 그 시간은 길어질 것입니다.

정해진 내용. 경건의 시간은 그리스도인에게 식사 시간입니다. 하나님께서 당신에게 말씀하실 때 당신은 그의 말씀을 섭취하게 되고 당신의 마음과 영은 하나님이 함께하심으로 채워질 것입니다. 다음에 당신은 기도로 주님과 대화하십시오.

그 전날 밤에 성경, 경건의 일기, 기도 노트 등을 준비하십시오. 성경 말씀은 당신의 영적 양식입니다. 노트에는 새롭게 떠오르는 생각들과 기도할 내용들을 적으십시오. 또한 당신의 응답받은 기도 내용도 기록하십시오.

설교를 들으면서 기록하는 법에 대하여 가르침

우리는 들은 것의 90%를 잊는다고 합니다. 들으면서 기록을 하면 잊는 것을 50% 정도로 줄일 수 있습니다. 제자에게 스스로 먹을 수 있도록 바르게 가르칠 수 있는 한 가지 방법은 그에게 어떤 설교든지 들으면서 기록하는 법을 배우도록 돕는 것입니다.

설교 노트는 매주 일정한 양식을 갖도록 통일되어야 합니다. 여기에는 설교자의 이름, 날짜, 설교 제목, 성경 구절, 참조 구절, 내용 요약 그리고 기억해 둘 만한 말 등이 포함될 수 있습니다. 이 노트는 성경의 책별로 또는 주제별로 묶을 수 있습니다. 나중에 이 자료들은 묵상을 위해서, 공부를 위해서, 또는 개인적인 신앙에 관한 말씀을 준비하기 위해서 사용할 수 있습니다.

당신의 영적 자녀가 설교의 중심 되는 교훈을 발견하고 그 기본 진리를 그가 처한 삶에 적용하는 방법을 가르치십시오. 교인들은 설교 말씀을 듣고 교회를 나설 때 설교자가 그것을 준비할 때만큼이나 책임감을 느껴야 합니다. 양쪽 다 하나님 앞에서 그 말씀대로 살아야 할 책임이 있습니다.

성경 읽는 법을 가르침

우리는 들은 것보다는 읽은 것을 약간 더 많이 기억할 수 있습니다(60-80%). 그러므로 잊지 않고 더 많이 기억하기 위해서는 노트를 해야 합니다. 성경을 읽을 때 찾아보고 간단히 적어 볼 수 있는 몇 가지 구체적인 사항들은 다음과 같습니다.

- ◆ 본문 말씀에서 아버지 하나님, 그 아들 및 성령에 관하여 가르쳐 주는 것
- ◆ 본문 말씀을 요약해 주는 구절

◆ 순종해야 할 명령
◆ 하나님께서 본문 말씀을 통해서 지금 가르쳐 주고 계신 것

　제자로 하여금 성경 전체를 통독하여 그 전체적인 통일성을 파악할 수 있도록 돕는 것은 매우 중요합니다. 한 자리에 앉아서 성경의 한 부분 전체를 통독하는 것은 각 개인의 필요를 채워 주는 데 특히 유익합니다. 성경읽기가 일생에 걸친 습관이 될 수 있도록 돕고자 하는 목표를 가지고, 정규적으로 읽을 분량을 과제로 주십시오. 당신의 제자가 성경읽기에서 어떻게 유익을 얻고 있는가를 점검하고 그를 격려함으로써 도와주십시오.

성경공부 방법들을 가르침

성경을 스스로 공부하는 법을 배우게 되면 제자는 자유로움을 느끼게 되며 그가 원하면 언제든지 다른 사람을 의존하지 않고도 영적 양식인 "말씀을 섭취"할 수 있게 됩니다. 성경공부 방법을 가르칠 때는 과제를 주어서 매일 최소한 20분은 집에서 공부하는 데 들이도록 하십시오.

　네 가지 공부 방법이 특히 현저하게 성장할 수 있도록 도와줍니다. 즉, 한 구절씩 깊이 있게 공부하는 **구절 묵상**, 한 책을 장별로 공부하는 **장 분석 공부**, 기쁨, 사랑, 평화 등 특정한 단어를 중점적으로 공부하는 **단어 공부**, 성경의 인물들을 분석하는 **인물 공부** 등입니다. 개인적으로 혼자

서 섭취할 수 있는 이 네 가지 공부 방법은 평신도로 하여
금 일생을 두고 풍성하게 하나님의 뜻을 발견할 수 있도록
도와줄 것입니다.

내가 좋아하는 성경공부 방법은 장 분석 공부인데 이에
대한 몇 가지 비결이 있습니다. 이 방법은 성경, 종이와
필기도구만 있으면 됩니다. 제자에게는 적어도 다음 네 가
지를 제시해 주십시오.

풀어쓰기. 그 장에서 보여 주고 있는 바를 당신 자신의
말로 다시 써보십시오. 이렇게 하면 당신이 그 장을 충분히
이해하고 당신 자신의 것으로 만드는 데 도움이 됩니다.

질문. 본문에서 어떤 것이든 당신이 이해하지 못한 것을
적으십시오. 또한 당신이 생각하기에 당신은 그 답을 알고
있지만 다른 사람들은 잘 알지 못하고 있으리라 예상되는
질문들도 적어 보십시오. 가능한 한 언제든지 질문들에 대
한 답은 성경의 참조 구절들을 기초로 하십시오.

참조 구절. 그 장의 각 구절에 대한 참조 구절(유사하거
나 관련이 있는 진리 내용을 담고 있는 다른 구절로서 성경
의 다른 부분에서 찾을 수 있는 것)을 찾으십시오. 이렇게
하면 성경 자체야말로 공부하고 있는 각 구절들을 설명해
주고 조명해 주는 가장 훌륭한 해설서가 됩니다.

적용. 그 장에 나오는 한 구절을 기초로 하여 기도하는
마음으로 개인적인 적용을 적으십시오. 당신의 일상생활
에서 이 말씀을 적용하여 하나님께서 주시는 힘으로 무엇
을 실천할 계획인지 설명하십시오. 구체적으로 적용하십

시오. 예를 들면, 매우 일반적으로 나타내어, "나는 다음 주에 더 많이 기도해야겠다" 하는 식으로 하지 말고, "나는 요즘 기도하지 않는 죄를 범하고 있다. 다음 주에는 매일 적어도 10분 동안 기도하겠다"라고 적으십시오. 당신이 적용한 것을 실행하고 있는지 확인하기 위하여 스스로 점검해 보십시오. 하나님의 말씀을 신실하게 적용함으로써 당신은 말씀을 듣기만 하는 자가 아니라 실행하는 자가 될 수 있습니다.

시편 1편 및 23편, 그리고 빌레몬서, 빌립보서, 데살로니가전서 등 신약의 짧은 책들은 성경공부를 배우기 시작하는 제자에게 아주 좋은 자료입니다. 1-2주마다 한 장씩 공부하는 것이 좋습니다.

당신이 제자에게 공부하는 법을 다 가르쳤으면, 그가 또 다른 사람들을 어떻게 가르칠 수 있는지를 꼭 가르쳐 주십시오. 당신의 제자삼는 모든 사역의 궁극적인 목표는 언제나 제자삼는 자들-즉 그들이 배운 것을 다른 사람들에게 전해 줄 수 있도록 훈련받고 연단된 사람들-을 배가하는 것임을 기억하십시오.

성경암송을 가르침

성경암송을 통하여 많은 축복과 보다 큰 능력을 얻게 됩니다. 몇 가지만 예를 들면, 제자는 유혹을 물리치고 죄로부터 승리하는 삶을 살 수 있습니다(시편 119:11 참조). 그는 열매 맺는 성공적인 삶을 살 수 있습니다(시편 1:2-3 참조).

그는 성경에 새로운 흥미를 느끼고 성경을 보다 깊이 이해하게 될 것입니다. 가르치는 능력도 향상될 것입니다(골로새서 3:16 참조). 그는 그리스도를 증거하는 삶에 새로운 능력을 경험하고 긍정적인 결과를 기대하게 될 것입니다(베드로전서 3:15 참조). 그는 더 밝은 빛이 길을 비추듯 그의 삶에 대한 하나님의 뜻을 더 확실하게 알게 될 것입니다(시편 119:105 참조). 그는 매일의 삶에서 그의 믿음이 더욱 성장하고, 새로운 기쁨을 맛보며, 더욱 적극적인 자세를 경험할 수 있게 됩니다(시편 119:103 참조). 그는 새로운 확신을 갖고 기도할 수 있으며 성경의 약속들을 배우게 됨으로 더욱 담대하게 기도할 수 있게 됩니다(요한복음 15:7 참조).

성경을 암송하고 묵상한 바를 생활에 적용하는 제자는 이 모든 것들 이상의 축복을 얻어 누릴 수 있게 됩니다.

구절 암송법. 당신의 태도 여하에 따라 결과는 달라집니다. 성경 구절을 암송할 때 당신은 "당신을 모든 진리 가운데로 인도하시는" 성령의 도우심을 받아야 합니다. 당신은 "당신에게 능력 주시는 그리스도 안에서 모든 것을 할 수 있습니다"(빌립보서 4:13). 당신이 주님께 구하면 그는 말씀을 암송할 수 있는 능력을 주실 것입니다.

1. 한 구절을 선택한 후에, 성경의 문맥을 따라 앞뒤 구절 전체를 읽으십시오. 그 구절을 포함하고 있는 장 전체를 읽으면 그 의미를 이해하는 데 큰 도움이 됩니다. 그 구절을 묵상하면서 여러 번 소리 내어 읽으십시오. 구절의 제목

이 정해져 있지 않은 경우, 당신이 그 구절의 제목을 정하십시오.[2]

2. 다음에 그 구절을 암송하십시오. 제목, 장절, 첫 번째 어구, 다시 장절의 순서대로 몇 차례 반복하십시오. 그리고 다시 시작하되 항상 장절부터 시작하여, 다음 어구를 덧붙여 외고, 다시 장절을 암송하고 마치십시오. 이렇게 "하나하나 음미하는 식"으로 계속하여 그 구절 전체를 암송할 때까지 하십시오.

3. 그날 중으로 그 구절을 복습하도록 하십시오. 틈나는 대로 시간을 내십시오. 식사 때, 어디를 가거나 기다릴 때, 또 잠들기 전에 소리 내어 암송하십시오. 다른 사람에게 부탁하여 암송을 점검해 달라고 하십시오. 몇 주 동안 날마다 그 구절을 반복하여 외우십시오. 그 후엔 매주 복습하십시오.

4. 1주일에 2구절을 암송하는 정도로 시작하십시오.

5. 당신이 암송한 각 구절을 묵상하십시오. 다시 하나님께 이를 위해 기도하십시오. 당신의 삶에서 그 구절을 경험하도록 주님께 구하십시오. 당신이 알아야 할 것, 그만두어야 할 것, 시작해야 할 것, 또는 나누어야 할 것 등이 들어 있습니다. 각 구절의 궁극적인 목적은 그리스도와 하나가 되어 그의 뜻 안에 거하고, 그를 더욱 알아가고, 그의 영광을 더욱더 높이는 데 있습니다.

부모는 그의 영적 자녀를 보호한다

사탄은 쓴뿌리, 실망, 참지 못하는 마음 및 그 밖의 죄를 통해 주님의 제자들을 거꾸러뜨리기 위한 체계적인 계획을 짜놓고 있습니다. 여러 가지로 어려운 일들이 많다 할지라도 우리 안에 거하시는 그리스도로 말미암아 언제든지 능히 사탄의 공격을 이겨 낼 수 있습니다. "이는 너희 안에 계신 이가 세상에 있는 이보다 크심이라"(요한일서 4:4).

그리스도께서는 영적 부모로서 자녀를 보호하는 모범을 보여 주셨습니다. 그는 베드로에게 말씀하셨습니다. "시몬아, 시몬아, 보라 사단이 밀 까부르듯 하려고 너희를 청구하였으나, 그러나 내가 너를 위하여 네 믿음이 떨어지지 않기를 기도하였노니 너는 돌이킨 후에 네 형제를 굳게 하라"(누가복음 22:31-32).

유혹으로부터의 보호

사탄이 우리를 죄에 빠뜨리기 위해 사용하는 세 가지의 기본적인 유혹이 요한일서 2:15-16에 나와 있습니다.

> 이 세상이나 세상에 있는 것들을 사랑치 말라. 누구든지 세상을 사랑하면 아버지의 사랑이 그 속에 있지 아니하니 이는 세상에 있는 모든 것이 육신의 정욕과 안목의 정욕과 이생의 자랑이니 다 아버지께로 좇아 온 것이 아니요 세상으로 좇아온 것이라.

육신의 정욕. 정욕은 보는 것으로부터 시작합니다. "네 눈은 바로 보며 네 눈꺼풀은 네 앞을 곧게 살펴 네 발의 행할 첩경을 평탄케 하며 네 모든 길을 든든히 하라. 우편으로나 좌편으로나 치우치지 말고 네 발을 악에서 떠나게 하라"(잠언 4:25-27).

이성을 대하는 제자의 태도를 관찰해 봄으로써 그를 도울 수 있습니다. 미혼자이든 기혼자이든 이 문제에 관하여 사랑 안에서 정직하고 솔직한 말로 함께 이야기를 나눠, 그들이 "무릇 지킬 만한 것보다 더욱 네 마음을 지키라. 생명의 근원이 이에서 남이니라"(잠언 4:23)라는 말씀처럼 마음을 지키는 법을 배우도록 해야 합니다.

안목의 정욕. 돈에 대한 욕망과 소유물에 대한 욕망은 제자들에게는 파괴적입니다. 둘 다 이 세상에 경건치 못한 관심을 집중한 결과 나타나는 것입니다.

돈 자체는 악한 것이 아닙니다. 올바르게 사용되면, 그것은 보다 많은 사람들에게 효과적으로 사역할 수 있는 수단이 됩니다. 그러나 돈을 사랑하는 것은 악한 것입니다.

> 부하려 하는 자들은 시험과 올무와 여러 가지 어리석고 해로운 정욕에 떨어지나니, 곧 사람으로 침륜과 멸망에 빠지게 하는 것이라. 돈을 사랑함이 일만 악의 뿌리가 되나니, 이것을 사모하는 자들이 미혹을 받아 믿음에서 떠나 많은 근심으로써 자기를 찔렀도다(디모데전서 6 : 9-10).

"너희가 하나님과 재물을 겸하여 섬기지 못하느니라"(마태복음 6:24).

그 열쇠는 돈에 지배되지 않는 것입니다. 당신의 제자가 돈을 지배하고 있는지 아니면 돈이 그를 지배하고 있는지를 확인하십시오. 그가 사업을 하는 동기를 살펴보십시오. 그가 돈 버는 일에 얼마나 많은 에너지를 쏟고 있는지 관찰해 보십시오. 그의 우선순위들은 어떻습니까? 그는 주님을 위해서, 그의 가족들을 위해서, 그리고 그의 교회 사역을 위해 시간을 들이고 있습니까? 그가 어떻게 돈을 쓰고 아끼는지 관찰하십시오. 그의 이야기의 주된 화제는 무엇입니까? 돈 사용에 관한 건전한 원리들을 그와 나누어 빚지지 않고 살아가도록 도와주십시오. 왜냐하면 이렇게 되어야 그가 기동성 있게 움직일 수 있으며 하나님의 부르심에 자유롭게 응할 수 있기 때문입니다.

소유물에 대한 욕망은 돈에 대한 욕망과 밀접한 관계가 있습니다. 우리는 기본적인 생활을 영위하는 데 참으로 얼마큼의 돈이 필요한가를 자문해 보아야 합니다. "우리가 먹을 것과 입을 것이 있은즉 족한 줄로 알 것이니라"(디모데전서 6:8). 그 밖의 모든 것은 여분의 것입니다. 집, 차, 학교 졸업장 등. 이러한 여분의 것들에 대해서 하나님께 감사하십시오. 그러나 이것들에 당신의 마음을 두지는 마십시오.

몇 명의 선교사들이 두 시간도 채 못 되는 시한부 통고를 받고 베트남을 떠나야 했습니다. 그들은 "모든 것을 잃어버린다는 것"이 무엇을 뜻하는 말인지를 알게 되었습니다. 그들이 떠나올 때 가지고 올 수 있었던 몇 가지 물건들은 그들의 가치관이 어떠한가를 보여 주었습니다. 어떤 사람들은 가족사진이나 그 밖에 가지고 다니기 간편한 정감 어린 기념품밖에는 별로 가지고 나온 게 없었습니다.

이 선교사들은 "좀과 동록이 해하며 도적이 구멍을 뚫고 도적질하는 곳에 재물을 쌓아 두지 말고, 우리를 위하여 하늘에 보물을 쌓아 두어야 한다"(마태복음 6:19-20 참조)는 진리를 경험을 통하여 우리에게 확증해 주고 있습니다.

당신이 가진 모든 소유물을 인하여 감사하십시오. 당신에게 참으로 필요한 것은 무엇입니까? 없어도 지낼 수 있는 것은 무엇입니까? 이제, 어떤 것이든지 그 소유권이 하나님께 있음을 진심으로 인정하십시오. 그렇게 할 때, 그 물건들이 당신을 사로잡고 있는 힘은 없어지고, 당신은 그것들이 당신의 것이 아니라 하나님의 것임을 기억하여 효과적으로 사용할 수 있을 것입니다.

이생의 자랑. 자랑하고자 하는 유혹은 때로 자기를 드러내고자 하는 지나친 욕망에서 나타납니다. 사탄은 육신의 정욕으로 우리의 믿음의 발걸음을 저지시키지 못하거나 우리를 돈 그물에 옭아맬 수 없을 때는, 다음과 같이 속삭입니다. "너는 마땅히 칭찬을 들어야 해. 너는 좋은 일을 해냈는데 아무도 그걸 이해하지 못하고 있거든." 주님의 많은 군사들이 "저희는 사람의 영광을 하나님의 영광보다 더 사랑하였더라"(요한복음 12:43) 한 말씀과 같은 이유로 제자 배가의 전투에서 패하였습니다. 당신의 제자에게, 손상된 자존심, 공연한 고집, 쓴뿌리 및 비판적이고 불만스런 태도 등은 없는지 살펴보십시오. 이런 것들은 대개의 경우 자신의 영광을 구하고자 하는 욕망에 뿌리를 내리고 있습니다.

칭찬받고 존경받고자 하는 욕망은 자연스러운 것입니다. 하지만 대부분의 경우 그것은 분에 넘치는 사치품입니다. "말은 적게 하며, 섬기기란 다하고 칭찬일랑 기대하지 말라." 이것은 인간의 자만심을 강력하게 경고하고 있는 말입니다. 기억해야 할 것은, 주님은 자기를 부지런히 찾는 자들에게 상 주시는 분이시라는 것입니다. 주님 자신이 우리의 궁극적인 상급입니다(창세기 15:1 참조).

이생의 자랑은 지나친 경쟁으로 나타날 수도 있습니다. 우리는 우리가 하는 모든 일에서 주님을 기쁘시게 하기 위하여, 주님 앞에서 우리가 할 수 있는 한 최선을 다하길 원합니다. 건전한 경쟁은 탁월해지고자 하는 마음을 촉진시킬 수 있는 반면에, 지나치게 자기 자신에게 집중하게 되므로 다른 사람들의 필요를 살피는 우리의 시야를 흐려 놓을 수 있습니다. "아무 일에든지 다툼이나 허영으로 하지 말고, 오직 겸손한 마음으로 각각 자기보다 남을 낫게 여기고, 각각 자기 일을 돌아 볼 뿐더러 또한 각각 다른 사람들의 일을 돌아보아 나의 기쁨을 충만케 하라"(빌립보서 2:3-4).

훈계를 통한 보호

하나님의 경고를 소홀히 여기고 제자가 죄를 범할 때, 영적 부모는 마땅히 훈계를 해야 합니다. 이것은 교회에서 반드시 이루어져야 할 사역의 한 영역입니다. "오직 오늘이라 일컫는 동안에 매일 피차 권면하여 너희 중에 누구든지 죄의 유혹으로 강퍅케 됨을 면하라"(히브리서 3:13).

훈계에 관한 대표적인 말씀은 히브리서 12:5-13입니다. 우리는 우리가 책임지고 있는 사람들을 훈계해야 합니다. **처벌을 해서는 안 됩니다!** 벌을 주는 목적은 어떤 습관이나 죄를 그만두게 하는 것이지만, 훈계의 목적은 하나님과의 교제를 회복시키는 것입니다.

자신의 죄를 다른 사람들에게 솔직하게 드러내는 것은 난처하긴 하나 꼭 필요한 일입니다. 꾸지람과 권고는 교제의 회복과 영적 성장에 이르는 지름길일 뿐만 아니라, 특별한 사랑의 한 표현인 것입니다. 서로의 관계가 끊어질 수도 있다는 위험을 고려하지 않고 훈계하는 사람은 거의 없습니다.

바울은 이런 경우에 대한 사랑의 표현을 **경계, 경고, 꾸짖음, 책망, 바르게 함, 권고 및 위로**에 이르기까지 여러 가지 말로 이야기하고 있습니다. 만약 영적 부모로서 제자가 말씀을 순종치 않는 것을 사랑으로 꾸짖지 않고 내버려 둔다면, 그는 교제 가운데서 참된 사랑을 실천하는 면에 실패하고 있는 것입니다.

나중에 제자로 하여금 순결을 사랑하고 경건한 삶을 추

구하는 일에 성장할 수 있게 하려면 바로 **지금** 사랑 안에서의 훈계가 필요한 것입니다. 죄의 작은 씨앗은 큰 나무가 되어 햇빛을 가림으로 그를 향한 하나님의 뜻을 차단시켜 버립니다. 보통 우리 육신의 자녀들도 어렸을 때 훈계하고 훈련시켜 바로 고쳐 주지 못하면 이 "작은" 결점들이 마침내는 큰 문제를 야기하게 되는 것을 봅니다. 우리의 영적 자녀들도 마찬가지입니다. 불순종은 즉시 시정하십시오. "악한 일에 징벌이 속히 실행되지 않으므로 인생들이 악을 행하기에 마음이 담대하도다"(전도서 8:11).

몇 년이 지나면 사랑의 경책을 들은 사람들은, 훈계를 해줄 만큼 관심을 써주는 한 사람을 통하여 하나님께서 자신들의 삶을 영원토록 돌보시며 사랑하신다는 것을 기쁨으로 되돌아 볼 수 있을 것입니다. "사람을 경책하는 자는 혀로 아첨하는 자보다 나중에 더욱 사랑을 받느니라"(잠언 28:13).

사랑 안에서 경책하는 방법. 제자들과 그들 삶에서 나타나는 죄에 대하여 이야기를 나눌 때는 고린도전서 13장과 갈라디아서 6:1-3에서 보여 주는 것같이 하십시오. 성령께서 당신으로 하여금 죄 가운데 있는 제자와 함께 그 문제를 나누도록 인도하실 때에 염두에 두어야 할 몇 가지 기본 원리가 있습니다.

1. 하나님의 말씀이 항상 훈계의 근거가 됩니다. 우리는 상대방을 모욕하는 것은 하나님의 말씀에 위배되는 것임을 알아야 합니다(디도서 2:1 참조).

2. 분별력 있게 하십시오. 때에 맞게 경책하는 것이 중요합니다. 때로는 하나님께서 우리에게 다음 진리를 적용해 보도록 계획하시기도 합니다. "노하기를 더디 하는 것이 사람의 슬기요 허물을 용서하는 것이 자기의 영광이니라"(잠언 19:11).

3. 제자삼는 자는 갈라디아서 6:1에 언급된 "신령한" 자로서의 요건을 갖추어야 합니다. 우리는 성령의 지도하심을 따라야 합니다. 우리는 다른 사람들의 삶에서 나타난 죄의 영역에서 우리 자신의 마음 가운데 승리하고 있어야 합니다.

4. 우리는 우리가 만나는 사람들 모두의 문제를 다루어야 하는 것은 아닙니다. 마음을 얻는 것이 긍정적인 반응을 가져오는 열쇠인데, 이는 시간을 요합니다. 게다가 우리는 모든 사람의 영적 부모가 아닙니다.

5. 훈계는 마치 형제가 하듯이 사랑스런 태도로 하되 이치에 합당하여야 하며, 이해와 온정이 깃들어 있어야 합니다(고린도후서 2:4 참조).

6. 다른 사람을 훈계하는 일은 온유함 가운데 이루어져야 합니다(갈라디아서 6:1 참조). 명심하십시오. 이와 같은 일은 언젠가 당신에게도 일어날 수 있습니다. 어쩌면 이미 있었을지도 모릅니다. 조심스럽게, 겸손한 마음으로 이야기하십시오.

7. 개인적으로 은밀히 하십시오(잠언 25:9과 마태복음 18:15 참조).

8. 인내 가운데 하십시오. 당신 자신이 피곤해하고 실망하지 않도록 하십시오. 포기하지 말고 지속하되 잔소리가 되지 않게 하십시오. 그 후에는 그 일에 관해서는 매듭을 지은 것으로 대하십시오.

부모는 그의 영적 자녀를 훈련한다

자기 자녀를 훈련하는 영적 부모의 책임이 이 책에서 다루고자 하는 기본 내용입니다. 훈련에 관한 모든 장을 복습하고 당신의 제자를 훈련하기 위한 기본적인 계획을 손수 준비해 보십시오. 이것은 융통성이 있어야 하며 제자의 도에 필수적인 요소들을 구비한 것이어야 합니다. 이러한 필수 요건들을 언제 전달해 주고 또 어떻게 가르칠 것인가는 개인마다 다르지만, 훈련 과정에서 빠짐없이 다루어야 합니다.

연구와 토론을 위한 질문

1. 성경에서 육신의 부모와 영적 부모가 그렇게 광범위하게 비교되어 설명된 이유는 무엇입니까? 우리가 여기서 배울 수 있는 것은 무엇입니까? (고린도전서 4:15-16, 고린도후서 12:14-15, 갈라디아서 4:19, 디모데후서 1:2, 디도서 1:4, 요한삼서 4)

2. 영적 부모로서의 네 가지 책임 중에서, 돕고 있는 사람들에게 가장 많이 활용되는 책임은 무엇입니까? 또 가장 적게 활용되는 것은 무엇입니까? 다음 영역에서 생각해 보십시오.
   1) 교회학교
   2) 예배
   3) 교회의 공적인 훈련 프로그램
   4) 다른 사람으로부터 받는 개인적인 훈련

3. 새로 교회에 나온 사람이나 초신자에게 사랑을 가지고 대하며 격려하기 위해 당신은 어떤 것을 할 수 있겠습니까?

4. 이번 주 동안 가졌던 경건의 시간 중 당신에게 도움이 되었던 것을 이야기해 보십시오.

5. 당신은 어떻게 다른 사람으로 하여금 매일 하나님과의 교제 시간을 갖도록 격려할 수 있겠습니까?

6. 다음의 가능성에 대해 토의해 보십시오.
   1) 설교를 들으면서 기록하고, 배운 것을 스스럼없이 함께 나누는 것
   2) 함께 시편 1편과 23편에 관한 장 분석 성경공부를 하는 것

7. 성장하는 제자들을 타락시킬 수 있는 세 가지 영역의 유혹에 관하여 토론해 보십시오. 당신이 아는 한 사람으로 하여금 이 중 한 영역에서 승리하는 경험을 할 수 있도록 어떻게 도울 수 있겠습니까?

주:
1. Oswald Chambers, *So Send I You* (Fort Washington, Pennsylvania: Christian Literature Crusade, 1972), page 75.
2. 네비게이토 출판사에서 발행한 **주세별 성경암송** 시리즈는 성경암송에 큰 도움이 됩니다.

128   제자 배가의 원리

제 **10** 장

본을 보이는 자

"한 번 삶으로 보여 주는 것이
일백 번 말로 설명하는 것
이상의 가치가 있다."
-로버트 콜만

본을 보인다는 말은 달리기에서 나온 말입니다. 한 주자가 다른 사람이 따라오도록 보조를 조절하면서 앞서 갑니다. 따라오는 주자들이 기진맥진하지 않도록 너무 빨리 달리지도 않고, 끝마무리를 잘못할 정도로 너무 느리게 달리지도 않습니다. 제자는 앞에서 달리면서 본을 보여 주는 사람이 없으면 자신이 어떻게 달리고 있는지 스스로 알기가 매우 어렵습니다.

예수님은 우리의 모범이 되심

예수님은 먼저 그가 제자들과 허물없이 함께 나눈 일상생활을 통해 먼저 본을 보이심으로 가르치셨습니다. J. M

프라이스는 이에 대해 다음과 같이 적고 있습니다. "그들이 받은 훈련의 가장 두드러지며 가장 큰 특징이라 할 수 있는 점은 아마 주님과 개인적인 교제를 나누었다는 것과 본을 보이고 본받는 것을 통해 배웠다는 사실입니다. 그들은 주님께서 민망히 여기시고, 위로하시고, 먹이시며, 치료하시는 모습을 바로 곁에서 관찰함으로써, 그가 가르치시고자 하는 근본정신을 파악할 수 있었습니다."[1]

예수님은 대부분 본을 보이심으로써 가르치셨습니다. 제자들에게 "너희도 처음부터 나와 함께 있었으므로"(요한복음 15:27) 자기에게 관하여 증거하라고 명령하셨습니다. 나중에, 베드로와 요한이 기탄없이 말하는 것을 본 공회원들은 "저희가… 또 그전에 예수와 함께 있던 줄도"(사도행전 4:13) 알았습니다. 베드로와 요한의 삶을 살펴볼 때, 그들은 많은 시간을 예수님과 함께함으로써 예수님의 본을 보고 배울 수 있었다는 사실을 다른 사람들도 분명하게 알았던 것입니다.

바울-본을 보여 준 사람

바울도 자기를 따르는 자들에게 세심한 본을 보여 주었습니다. 바울은 그들에게 명했습니다. "너희는 내게 배우고 받고 듣고 본 바를 행하라. 그리하면 평강의 하나님이 너희와 함께 계시리라"(빌립보서 4:9). "어떻게 우리를 본받아야 할 것을 너희가 스스로 아나니… 오직 스스로 너희에게 좋은 본을 주어 우리를 본받게 하려 함이니라"(데살로니가전서 3:7-9).

본을 보이는 자로서 바울의 삶은 그의 제자들이 배가하는 일꾼으로 전진해 나아갈 수 있기 위한 탄탄대로의 역할을 했습니다. 우리는 데살로니가전서 1:6-9에서 새로 믿게 된 자들(제2세대)이 바울(제1세대)을 따르며 본받는 자들이었으며, 또 그들은 각처로 나아가 복음을 전했던 것을 알 수 있습니다. 바울은 7절에서 다른 사람들(제3세대가 될 사람들)에게 본이 된 데살로니가 교인들에 대하여 언급하고 있습니다. 본에 해당하는 헬라어는 "주형" 또는 "모형"을 뜻합니다. 처음 바울을 본받은 자들은 이제 자신들이 모형이 되어 이들을 통하여 또 다른 사람들이 본받게 됨으로 배가가 이루어지게 되었습니다.

본을 보이는 자의 영적 자질들

무엇이 한 사람으로 하여금 순전한 마음을 가지고 성서적인 방향으로 다른 사람을 따를 수 있게 해줍니까? 제자에게 도전을 주어 본받게 할 수 있기 위해서는 본이 될 수 있는 자질을 갖춘 삶을 살아야 합니다. 당신도 다른 사람들을 통하여 배가하길 원한다면 다음과 같은 자질들을 본으로 보여 주어야 합니다.

굴복. 주님께 굴복하기로 결단(로마서 12:1 참조)함은 물론 그리스도께서 말씀을 통해 계속적으로 새롭게 보여 주시는 진리를 따라 매일 새롭게 되는 것이 필요합니다. 이러한 굴복은 자신의 여러 권리들을 포기하는 것을 의미하며, 권리뿐 아니라, 자신의 직업, 가족 및 장래를 모두 그리스도께 맡겨야 하는 것을 뜻합니다.

오스왈드 체임버스는 굴복을 거부하는 것에 대하여 다음과 같이 말하고 있습니다. "내가 하나님의 부르심을 듣고 순종하지 않는다면, 나는 보고 듣고도 순종하길 거부했기 때문에 가장 따분하며 쓸모없는 그리스도인이 될 것입니다."[2] 그리스도인으로서의 당신의 삶이 따분하다면 분명 거기에는 자백하지 않은 불순종의 영역이 있을 것입니다. 스스로에게 물어 보십시오. 그리스도는 주님이신가? 바로 지금, 이 순간에, 나의 모든 삶의 영역에서? 당신은 다른 사람들을 지도하기에 앞서 이에 대하여 '예'라고 대답할 수 있어야 합니다.

분리. 세상적인 것들과 세상의 가치관으로부터 분리되어야 합니다. 우리는 비전이 없는 사람을 목표지향적인 제자로 변모시킬 수 있는 순결이라는 예리한 칼날을 필요로 합니다. 우리 자신들에게 물어 봅시다. 나의 삶은 그리스도를 닮았는가? 이런 삶이 그를 영화롭게 할 것인가? 우리는 하나님의 "세미한 음성"에 귀 기울이고 있는가? 우리의 시민권, 목표 및 장래가 하늘에 있음을 깨닫고 있는가(골로새서 3:1 참조)?

베드로는 "그러므로 사랑하는 자들아, 너희가 이것을 바라보나니 주 앞에서 점도 없고 흠도 없이 평강 가운데서 나타나기를 힘쓰라"(베드로후서 3:14)고 했습니다. 그는 당시 믿는 자들에게 세상적인 관심으로부터 자신들을 분리시킬 수 있도록 그리스도의 재림을 대비하며 더욱 깨어 있는 삶을 살라고 촉구했습니다.

기본적으로, 세상적이라는 것은 삶의 중심에 그리스도께서 주님이 되어 있지 않다는 것을 의미합니다. 그것은 어떤 일들을 당신 자신의 방식대로 처리하고자 하는 마음의 태도입니다. 적극적으로 하나님의 뜻을 분별해 볼 수 있는 다음과 같은 좋은 방법이 있습니다. (영어로 첫 글자를 따서 연결해 보면 TIME이 됩니다.)

시간(Time). 이것은 나의 종인가, 나의 주인인가?
온전함(Integrity). 나는 이런 행동을 할 때 어떤 사람이 되어 가는가? 이것은 내가 영적으로 성장하는 데 도움이 되는가?
봉사(Ministry). 나의 이 활동은 다른 사람에게 가장 필요한 것들을 채워 줄 수 있는가?
전도(Evangelism). 나의 이 선택은 지상사명을 성취하는 데 도움이 되는가?

체계적인 훈련. 효과적으로 배가하는 일꾼을 특징짓는 또 하나의 중요한 자질은 영적인 삶의 기초가 되는 말씀과 기도 안에서 체계적으로 훈련되는 것입니다. 당신이 성장을 위한 훈련에 익숙해지면 다른 사람들을 이끌게 될 것입니다. 당신을 따르는 자들이 당신의 습관들을 적절하게 받아들임에 따라서 그들도 성장할 것입니다.

본을 보이는 자의, 지도자로서의 자질

영적 자질들 외에, 사람들을 이끌어 배가하는 일꾼들을 길러내는 모든 지도자에게 필요한 기본적인 자질들이 있습니다.

동기. 오스왈드 체임버스는 다음과 같이 말하고 있습니다.

> 첫째로 예수님의 명령이 동기가 되어야 하며… 사람의 필요가 아니라, 그 명령에 크고 주된 관심을 가져야 합니다. 결국 동기 유발의 참된 원천은 언제나 뒤에 있는 것이지 앞에 있지 않습니다. 오늘날의 경향은 동기력을 앞에 두며… 우리 정면에 있는 모든 것을 쓸어 모아 성공에 관한 우리 자신의 개념에 맞추어 동기를 유발시킵니다.[3]

동기란 미묘한 것입니다. 일이 잘 되어 갈 때 사람들은 행복해합니다. 그러나 곤란한 때를 당하면, 선교사, 목사 또는 제자삼는 자들은 그 자리에서 그만두어야 할지 또는 그가 하나님의 부르심을 잘못 이해한 것은 아닌지 의아해 합니다. 그러나 환경으로 말미암아 오해해서는 안 됩니다. "가서 제자를 삼으라"라는 우리 주님의 명령이 우리의 주된 동기가 되어야 합니다. 그의 명령은 곧 그가 이루실 수 있는 능력을 뜻합니다. 인간은 변하고, 기진하며, 넘어집니다. 하나님과 단둘이 교제하는 시간을 통해서, 지도자는 승리하신 주님의 본을 묵상함으로써 그의 영적 축전지를 재충전합니다.

훌륭한 판단력. 하나님 앞에서 참아 기다리십시오. 모든 사실들을 수집하십시오. 잘 알고 있는 사람으로부터 당신에게 필요한 조언들을 구하십시오. 주님께서 지혜를 주실 것을 믿으십시오(야고보서 1:5). 그 다음에는 마음을 다하여 결단을 내리십시오. 하나님께서 자기 뜻을 분별하고 행하는 데 전적으로 헌신된 심령을 축복하실 것입니다.

주도권. 여기서 주도권이란 마땅히 할 일을 다른 사람의 말을 듣기까지 기다리지 않고 행하는 것입니다. 어떤 사람들은 무언가 시도해 보길 두려워합니다. 어떤 그리스도인들은 그들이 "성령을 앞질러 가지는 않는지" 두려워하여 성령의 인도하심을 받기까지 기다립니다. 당신이 하나님의 자녀라면, 주님의 영이 지도하심을 확신할 수 있습니다(로마서 8:14 참조). 그를 믿으십시오.

열정. 신나는 태도는 주위로 퍼져 나갑니다. 사람들은 그것을 알아챕니다. 지도자의 삶을 통해 나타나는 능력 있는 하나님의 모습은 제자에게 깊은 영향을 미치게 됩니다. "무릇 네 손이 일을 당하는 대로 힘을 다하여 할지어다"(전도서 9:10). 당신이 무엇을 하든지, "마음을 다하여 주께 하듯 하고 사람에게 하듯 하지 말라. 이는 유업의 상을 주께 받을 줄 앎이니"(골로새서 3:23-24)라는 말씀을 기억하십시오.

J. C. 라일은 언젠가 다음과 같이 썼습니다.

> 신앙에서의 열심이란 모든 가능한 방법으로 하나님을 기쁘시게 하고, 그의 뜻을 행하며, 세상에 그의 영광을 펼치고자 하는 불타는 열망이다. 그것은 누구도 날 때부터 느끼지는 못하는 열망이며 성령께서 모든 믿는 자의 마음에 그가 회심할 때 불어넣어 주시는 것이다. 그러나 몇몇 믿는 이들은 다른 사람들보다 더 강한 열망을 느끼는데 그들이 바로 "열심 있는" 사람들이라 불릴 만한 자격이 있다… 신앙에 열심 있는 사람은 한 가지만을 위해서 사는 것이 두드러지게 드러난다. 그가 진지하다, 열심 있다, 타협하지 않는다, 철저히 행한다, 전심한다, 불타는 기질이 있다 등등으로 말하는 것만으로는 부족하다. 그는 다만 한 가지만 바라보고, 한 가지에만 관심 갖고, 한 가지를 위해 살고, 한 가지 일에 삼키운 바 된 사람인데, 그 한 가지란 하나님을 기쁘시게 하고… 하나님의 영광을 드높이는 것이다.[4]

거룩한 열심은 지도력에 필수적인 자질입니다. 그리스도는 우리의 모본이십니다. "제자들이 성경 말씀에 주의 전을 사모하는 열심이 나를 삼키리라 한 것을 기억하더라"(요한복음 2:17).

융통성. 경험이라는 것이 위대한 선생이기는 하지만 때로 그것은 우리를 메마른 전통이라는 굴레 속에 가두어 둘 수가 있습니다. 항상 좀 더 나은 길이 있을 수 있다는 가능성을 생각하고 있으십시오. 성령께 개방되어 있는 사람은 자기 주위의 세상과 보조를 맞추게 됩니다. 하나님의 말씀에서 보여 주는 원리와 인간의 방법들과의 차이점을 주지하십시오. 복음은 항상 동일하지만 인간의 방법들은 변합니다.

감사. 순수한 칭찬을 통하여 다른 사람을 격려하는 진귀한 기술이야말로 당신에게 있는 사랑의 용량을 가늠할 수 있는 척도입니다. 당신 주위의 사람들이 애써 수고하는 것에 대하여 감사의 말을 하십시오. 개인적인 감사 편지는 둘도 없이 진귀한 보배라 하겠습니다.

인내. 예수님은 결코 서두르지 않으셨습니다. 조용한 말과 행동은 당신을 따르는 자에게 확신을 불어넣어 줍니다. 내가 여러 지도자들을 관찰한 바로는 지도자에게 필요한 자질로서 이것만큼 두드러진 것은 없습니다.

서두르다 보면 언제나, 무엇을 어떻게 해야 할지가 분명치 않고, 혼란스러우며, 느린 성상 속도에 잠지 못하게 됩니다. 그러다 보면, 계획에 따라 차근차근 해나가기보다는 힘으로 몰아붙여 빨리 결과를 얻으려고 생각할지도 모릅니다. N. G. 조던은 말합니다. "삶에서 위대하다고 할 수 있는 모든 것은 완만한 성장의 산물입니다 좀 더 새롭고, 좀 더 위대하며, 좀 더 높고, 좀 더 고귀한 일일수록, 그 성장은 완만하며 결과적으로 확실한 성공을 거둘 수 있습니다."[5]

지도자들의 실패 원인

최근의 연구에 의하면, 지도자의 성공은 15%가 기술적인 훈련과 능숙도에 의하고, 85%는 지도자의 헌신과 경험과 영적 은사에 의한 것임을 알았습니다. 실패의 주된 요인들을 몇 가지 열거하면 다음과 같습니다.

- ◆ 주도권의 결여
- ◆ 열망의 결여
- ◆ 부주의
- ◆ 비협조적 정신
- ◆ 게으름

제자삼는 자는 말씀에 비추어 자신의 삶을 분석해 보아서 이러한 경향들이 현재 나타나고 있지는 않은지 살펴보아야 합니다. "하나님이여, 나를 살피사 내 마음을 아시며 나를 시험하사 내 뜻을 아옵소서. 내게 무슨 악한 행위가 있나 보시고 나를 영원한 길로 인도하소서"(시편 139:23-24).

본을 보이는 삶이 위험한 경우

우리는 한 개인을 과대평가하거나 다른 사람에게 너무 많은 것을 기대할 때 위험한 지경에 이르게 됩니다. 인간은 실패하고 있고 또 실패할 것입니다. 만일 교인 중에 어떤 지도자의 삶 속에서 죄나 허물을 발견하였기 때문에 교회를 떠난 사람이 있다면, 그 사람은 그리스도 중심이 아니라 사람 중심의 믿음을 가지고 살았던 것입니다.

이러한 함정을 피하기 위해서, 우리는 최고의 모본이 되신 분에게 초점을 맞추고 믿음의 삶을 경주해야 합니다. "믿음의 주요 또 온전케 하시는 이인 예수를 바라보자"(히브리서 12:2).

기억해야 할 것은, 예수님께 초점을 두되, 누군가는 당신을 지상에 있는 그의 모본으로 여기고 당신에게 초점을 맞추고 있다는 것입니다.

> 나는 언제든지 설교를 듣는 것보다는 보기를 원합니다.
> 나는 누군가 다만 길을 보여 주는 것보다는 나와 동행하기를 원합니다.
> 눈은 귀보다 더 잘 배우는 좋은 학생입니다.
> 훌륭한 조언은 혼란을 가져다주지만 모본은 언제나 분명합니다.
> 가장 훌륭한 선생은 신조대로 사는 사람들입니다.
> 모든 사람이 필요로 하는 것은 선행을 보는 것입니다.

나는 당신이 보여 주기만 하면 금방 그것을 배울 것입니다.

나는 움직이는 당신의 손은 볼 수 있지만 혀는 너무나 빠릅니다.

당신이 내게 매우 지혜롭고 진실한 교훈을 들려주는 것보다도 나는 당신이 행하는 것을 보고 배우기를 원합니다. 왜냐하면 나는 당신이 주는 귀한 충고를 깨닫지 못할지도 모르지만 당신이 어떻게 행하고 어떻게 살아가는지 이해하지 못할 염려는 없으니까요.

작자 미상

연구와 토론을 위한 질문

1. 신약의 "나를 따르라"의 원리가 오늘날 제자삼는 사역에서 근본적으로 소홀히 여겨지고 활용되고 있지 못한 이유는 무엇입니까?

2. 말씀에 대한 순종이 찬송, 예배 참석, 설교나 메시지 청취보다 훨씬 더 요청되는 이유는 무엇입니까?

3. 당신의 경우 특별히 본을 보이는 자로서 계발시켜야 할 필요가 있는 세 가지 자질들을 설명해 보십시오.

4. 본을 보이는 지도자로서의 자질 7가지를 깊이 생각해 보십시오
   1) 당신에게 가장 중요한 것은 무엇입니까?

   2) 이 7가지에 어떤 것을 덧붙이겠습니까? 그 이유는 무엇입니까?

5. 본을 보이는 삶의 위험 요소들 중 당신이 영향받기 쉬운 것을 하나 이상 토의해 보십시오.

6. "본을 보이는" 사역에 필수적인 균형(나를 본받게 하는 것과 주님을 본받게 하는 것)을 어떻게 이룰 수 있겠습니까?

7. 외과 의사, 비행기 조종사, 또는 배가하는 제자를 훈련하는 데 본을 보이는 자가 절대적으로 필요한 이유는 무엇입니까?

주:

1. J. M. Price, ***Jesus the Teacher*** (Nashville, Tennessee: Sunday School Board, 1946), page 43.
2. Oswald Chambers, ***Disciples Indeed*** (London: Marshall, Morgan and Scott, 1955), page 10.
3. Oswald Chambers, ***So Send I You*** (Fort Washington, Pennsylvania: Christian Literature Crusade, 1975), page 74.
4. J. C. Ryle, as quoted in ***Knowing God*** by J. I. Packer (Downers Grove, Illinois: InterVarsity Press, 1973), pages 156-157.
5. N. G. Jordan, ***The Majesty of Calmness*** (Old Tappan, New Jersey: Fleming H. Revell Company, 1956). page 17.

제 4 부

실행:
즉각적인 출발

제 **11** 장

배가하는
지도자 후보생의 선발

"문제는 얼마나 많은 사람인가가 아니라,
어떤 종류의 사람인가에 달려 있다."
–도슨 트로트맨

중국 내지 선교회의 창시자인 허드슨 테일러는 19세기가 지날 때쯤 중국 내륙 지방에서 거의 1천 명이라는 어마어마한 숫자의 선교사들과 함께 일하게 되었습니다. 일 년 사이에만도 테일러는 함께하던 38명의 선교사 및 자녀들을 잃었지만, 이미 다른 사람들이 역할을 대행할 준비가 되어 있었습니다.

테일러는 어떻게 그 많은 일꾼들을 징모하게 되었는지에 대하여 여러 차례 질문을 받았습니다. 그는 이렇게 많은 일꾼들이 중국에 쇄도해 올 수 있었던 두 가지 이유를 다음과 같이 밝히고 있습니다.

기도. "그러므로 추수하는 주인에게 청하여 추수할 일꾼들을 보내어 주소서 하라 하시니라"(마태복음 9:38). 매년,

믿음으로, 테일러와 그의 동료들은 기도 가운데 구체적인 수의 새로운 사람들을 주시도록 구했습니다. 하나님께서는 그들의 구체적인 기도에 응답하셨습니다.

하나님의 말씀 안에 젖는 삶. 테일러는 일꾼을 얻으려면 남녀 평신도들의 삶 속에 매일 하나님의 말씀이 스며들어 그들이 하나님의 부르심에 '아니오'라는 대답을 할 수 없게 되어야 한다고 말했습니다.

바로 이것이 이후의 여러 사역에 변혁을 불러일으켰던 두 가지 개념입니다.

당신의 교회에서 제자 후보생을 발견하는 방법

당신의 삶을 나눠 줄 제자를 찾는다는 것은 흥미진진한 모험입니다. 이를 위한 몇 가지 지침이 여기 있습니다.

기도로 시작하라. 마태복음 9장에 있는 예수님의 기도 전략의 초점은 "일꾼들, 추수할 자들, 사역자들, 제자들"을 위한 것이었습니다. 추수할 일꾼들을 위해 하나님께 부르짖으십시오. 이것은 그리스도의 명령입니다. 예수님은 열두 제자를 택하시기 전에 기도로 온 밤을 지새우셨습니다(누가복음 6:12).

주린 사람을 찾으라. 네비게이토 선교회의 창시자인 도슨 트로트맨은 우리는 "하나님의 최선이 자기 삶에 실현되길 원하며 그것을 얻기 위해서는 어떤 값이라도 기꺼이 치르고자 하는 사람을 찾아야 한다"고 말했습니다. "의에 주리고 목마른 자는 복이 있나니 저희가 배부를 것임이요"(마태복음 5:6).

찰리라고 하는 고등교육을 받은 젊은이가 바로 이런 사람이었습니다. 그는 성경에 관하여 그가 품고 있는 의문들을 해결하고 싶었습니다. 그가 처음 우리 주일학교 프로그램에 나온 날은 그에게 새로운 삶의 출발점이 되었습니다. 그를 맡은 교사는 전에 선교사로 일한 적이 있었는데 성경에 대한 찰리의 어려운 질문들에 대답해 주었을 뿐만 아니라 개인적으로 찰리를 방문하여 계속 관심 가운데 그의 믿음을 키워 주었습니다. 그들은 우리가 새 교우와 함께 공부할 때 사용하는 요한복음을 6주 동안 매주 만나서 공부했습니다.

이후 나는 찰리의 집을 방문했습니다. 나는 주린 한 영혼을 만날 수 있었습니다. 그는 말씀을 새롭게 발견했습니다. 그는 매일 저녁, 처음에는 한 시간, 나중에는 두 시간씩 들여서 성경공부를 했으며, 개인적으로 성경말씀 속에 있는 새로운 보배들을 발견하게 되었습니다. 나는 그를 데리고 믿지 않는 사람들을 찾아갔으며 찰리는 다른 사람들을 그리스도께 인도하기 시작했습니다.

그가 계속 영적으로 성장해 감에 따라 우리는 그에게 젊은 부부 반을 맡겼습니다. 얼마쯤 지난 후 그는 집사가 되었습니다. 성경 말씀에 대한 의문이 많아 꼬치꼬치 캐묻기를 좋아하던 그가 온유하고 경건한 사람으로 변화되었던 것입니다.

이제 그가 맡아 가르쳤던 반 출신의 사람들이 전 세계에 흩어지게 되었고, 최소한 8명이 전임으로 선교 사역에 종사하고 있습니다. 그들은 영적 재생산을 통하여 찰리의 삶을 계속 배가하고 있습니다.

멋있는 외모 그 이상의 사람을 찾으라. 한 사람을 오직 믿음의 눈으로만 본다는 것은 어렵습니다. 우리는 지도자적인 외모를 가진 사람을 찾기가 쉽습니다. 하나님께서는 현재 상태가 아니라, 그의 은혜로 말미암아 변화될 수 있는 가능성을 근거로 사람을 택하십니다. 전혀 가망이 없어 보이는 사람들이 종종 위대한 제자삼는 자들로 성장합니다. "사람은 외모를 보거니와 나 여호와는 중심을 보느니라" (사무엘상 16:7).

1세기에 사도 바울은 평범한 그리스도인들을 바라보며 이렇게 썼습니다.

> 형제들아, 너희를 부르심을 보라. 육체를 따라 지혜 있는 자가 많지 아니하며 능한 자가 많지 아니하며 문벌 좋은 자가 많지 아니하도다. 그러나 하나님께서 세상의 미련한 것들을 택하사 지혜 있는 자들을 부끄럽게 하려 하시고, 세상의 약한 것들을 택하사 강한 것들을 부끄럽게 하려 하시며, 하나님께서 세상의 천한 것들과 멸시받는 것들과 없는 것들을 택하사 있는 것들을 폐하려 하시나니, 이는 아무 육체라도 하나님 앞에서 자랑하지 못하게 하려 하심이라(고린도전서 1:26-29).

우리와 버스 선교를 함께 하던 일꾼 중에 무기력하여 뒤처진 삶을 살았던 네 사람이 있었습니다. 그러나 지금은 그들이 매 주일마다 백 명 정도 되는 어린이 및 10대 소년 소녀들을 주일학교에 데려오고 있습니다! 어떤 교우들은 가난한데도 오히려 후히 주는 마음을 가졌습니다. 많은 사람들이 교육은 덜 받았지만 많이 배운 사람들보다 더 많은 시간을 교회 사역에 투자하고 있습니다. 하나님께서는 아마도 자신을 내세울 것이 적은 사람으로부터 더 많은 영광을 받으시는 것 같습니다.

예를 들면, 우리 아이 중에 하나는 저능아로 태어났습니다. 그러나 그가 가진 그리스도에 대한 믿음과 즉각적인 기도 응답에 대한 놀라운 믿음은 나에게 계속 큰 도움이 되고 또한 도전이 됩니다. 하나님께서는 약한 자와 강한 자 모두를 쓰십니다. 어떤 사람이든 그 능력의 원천을 소홀히 여기지 마십시오.

충성되고 가르칠 수 있는 사람들을 주의해 보라. 충성된 자들만이 폭넓게 개인적으로 제자삼는 일을 하는 데 적합합니다.

상담하는 기회를 통하여 제자들을 찾으라. 우리 교회에 나온 사람 중에 휴라는 사람이 있었습니다. 그의 결혼 생활은 순탄치 못했습니다. 호화스런 생활, 값비싼 보트, 그리고 사업이 가져다주는 압박감 등이 그의 삶을 좀먹고 있었습니다. 그는 그리스도와는 거의 무관한 삶을 살았습니다. 우리 교회 평신도 중 한 사람이 그와 상담을 시작했습니다.

여러 명이 매일 그를 위해 기도했으며 마침내 하나님께서는 그를 돌이키게 해주셨습니다. 서서히 그는 성장하기 시작하였고 드디어는 공적으로 그리스도를 위해 헌신하게 되었습니다. 그는 보수가 많은 직업을 버리고, 대학을 마친 후 신학교에 입학했습니다.

휴와 그의 아내는 그들 가정을 중심으로 사랑의 사역을 시작하였고 결혼한 젊은이들을 대상으로 개인적인 제자삼는 사역을 통하여 변화된 삶의 물줄기를 끊이지 않고 이어갔습니다. 많은 젊은이들이 이제 휴의 영적 배가를 통하여 주님의 일꾼으로 살고 있습니다. 상담을 계기로 해서 죄 가운데 신음하던 심령이 제자삼는 자로 헌신하게 되었던 것입니다.

의외로 만나는 사람들에게도 마음을 개방하라. 어떤 사람이 "전혀 뜻밖에" 당신을 찾아올 수도 있습니다. 이런 사람들은 제자를 훈련하고자 하는 당신의 기도에 응답하셔서 하나님께서 당신에게 보내 주신 사람들임이 거의 분명합니다. 그러나 어떤 사람이 참으로 주린 상태에 있다면, 그는 당신의 교회 내에서 당신이 제안하는 어떤 사람, 어떤 것으로부터도 진리를 배울 수 있을 것입니다. 목사나 다른 특정한 사람으로부터만 배우려고 하는 사람이 있나 살펴 보십시오. 교만이 그들을 방해하고 있는 것입니다.

모든 그룹 모임을 활용하라. 주일학교 분반 모임은 아주 자연스럽게 제자를 발견할 수 있는 곳입니다(에드워드 킴볼이 주일학교에서 한 일을 기억하십시오). 수양회나 세미

나는 집중적인 소그룹 교제와 헌신에 관한 일련의 메시지 등을 통하여 제자를 발견할 수 있는 또 다른 기회가 됩니다. 성령 충만한 강사와 강한 그룹공부 인도자들과 집중적으로 만나는 기회를 통하여 교회 멤버들은 제자의 삶을 시작하는 장도에 들어서게 될 것입니다.

교회 내에서 이미 섬기고 있는 선발 그룹을 활용하라. 다음과 같이 분명한 책임을 맡고 있는 사람들을 간과하지 마십시오. 교사, 집사, 행정 담당자 등.

가족들을 소홀히 여기지 말라. 우리는 우리 삶에서 가장 중요한 사람들을 지나쳐 버려서는 안 됩니다. 아버지는 10대에 들어선 자기 아들을, 어머니는 딸을 이끌며 교제할 수 있습니다. 가정은 제자삼는 환경으로서 다른 어떤 것보다도 충분히 당신의 삶을 드러내 주는 곳입니다. 사람들은 당신에게 이렇게 물을지 모릅니다. "전 시간을 함께하는 자녀들의 삶 속에 제자의 도를 심어 주지 못하는 사람이 어떻게 겨우 몇 시간 만나는 것을 통하여 다른 사람들을 도울 수 있겠습니까?" 바로 가정에서 본을 보이십시오.

배가자에게 필요한 주요 목표

당신이 다른 사람들을 가르치고 훈련하기 시작할 때, 제자들을 견고히 세워 주는 데 필요한 몇 가지 구체적인 목표들이 있습니다.

인격 계발. 삶의 질은 사역 활동의 양보다 중요합니다.

당신의 제자는 순결하고 정직합니까? 그의 매일의 삶의 수준은 어떻습니까? 예를 들어, 그가 가게에서 잔돈을 잘못 받아 왔을 때, 그는 즉각 그것을 돌려줍니까? "지극히 작은 것에 충성된 자는 큰 것에도 충성되고 지극히 작은 것에 불의한 자는 큰 것에도 불의하니라"(누가복음 16:10).

본에 관한 장에서 설명한 것처럼, 배가자의 훌륭한 자질들은 제자에게 동기를 불러일으키는 본이 됩니다. 본을 보임으로써 진리를 전달해야 하는 것은 두려운 책임입니다. 원본이 깨끗하면, 그 사본도 마찬가지로 깨끗합니다.

포괄적인 시야. 당신이 제자로 성장시키는 사람으로 하여금 전 세계에 대한 비전을 갖도록 가르치십시오. 각 도시, 주 또는 도, 국가, 세계의 지도를 놓고 그와 함께 기도하십시오. "오직 성령이 너희에게 임하시면 너희가 권능을 받고 예루살렘과 온 유대와 사마리아와 땅 끝까지 이르러 내 증인이 되리라 하시니라"(사도행전 1:8). 가정에서부터 시작하지만, 나중에는 전 세계에까지 나아갈 비전을 심어 주고 더욱 가꾸어 주십시오.

능력. 예수님에 대하여 "그가 다 잘 하였도다"(마가복음 7:37)라고 말하였습니다. 될 수 있는 대로 적게 움직이자는 것이 현대의 풍조입니다. 소위 "요령 피우는" 병적 증세가 교회를 사로잡고 있습니다.

바울은 이렇게 썼습니다. "눈가림만 하여 사람을 기쁘게 하는 자처럼 하지 말고 그리스도의 종들처럼 마음으로 하나님의 뜻을 행하여"(에베소서 6:6). 당신 자신과 제자를 위해 높은 수준을 설정하고 주님 앞에 은혜스럽게 당신의 최선을 드리십시오. 방문 계획, 전도, 기타 사역 활동을 당신의 제자와 함께 한 후에는 역시 함께 앉아 수행한 일을 평가해 보십시오. 목표와 계획과 설정된 수준이 있을 때 성장하는 제자는 그의 사역의 질을 높이는 법을 배우게 됩니다.

일관성과 지속성. 제자삼는 자는 다만 사랑의 능력과 자신의 일관성 있고 지속성 있는 삶의 영향력을 가지고 다른 사람들에게 나아가 그들에게 매력을 줄 수 있습니다. 주린 각 사람을 당신의 제자가 되도록 이끄는 데 필요한 몇 가지 견실한 영적 자질들이 있습니다.

- ◆ 성령 충만한 삶. 이것은 적극적 태도를 수반합니다.
- ◆ 성경암송.
- ◆ 매일의 경건의 시간. 이에는 성경공부와 중보기도가 포함됩니다.
- ◆ 가정, 직장 및 기타 사회 환경에서 믿음을 개인적으로 나타내는 것.

추수하는 주인에게 기도하여, 주님을 더욱 알아가기를 원하는 사람들을 당신에게 보여 주시도록 구하십시오. 가능한 한 빠른 시일 내에 시작하여 당신의 제자가 인격, 세계비전, 능력 및 일관성과 지속성을 계발하는 삶을 살 수 있도록 도우십시오.

연구와 토론을 위한 질문

1. 당신의 교회에서 더 많은 "추수할 일꾼들"을 얻기 위하여 허드슨 테일러가 제안한 두 가지 방법은 무엇입니까?

2. 당신의 교회 사역에서 이 두 가지 아이디어를 활용하기 위해 지금 할 수 있는 것은 무엇입니까? 그 교훈을 개인적으로 적용하십시오.

   1) 당신의 교회에서 제자로서의 잠재력이 있는 사람들의 이름을 열거하십시오.

      그 외

   2) 깊이 기도하면서 위에 적은 사람 중 다섯 명을 택하여 그들의 이름을 아래에 적으십시오. 그들은 영적으로 갈급해하고 충성되며 잘 가르칠 수 있는 사람들이어야 합니다.

   3) 이제 이 사람들 중에서 하나님께서 당신으로 하여금 제자삼기를 원하시는 한두 명을 구체적으로 보여 주시도록 기도하십시오.

제 **12** 장

오늘 당신의 교회에서부터 시작하십시오

"불이 타고 있을 때 존재하듯이,
교회는 선교할 때 존재한다."
-에밀 브루너

오래 가며 견고한 것치고 하룻밤 사이에 자라는 것은 없습니다. 버섯은 불과 며칠 사이에 자라지만, 거대한 삼나무가 자라는 데는 수백 년이 걸립니다. 어떤 것이 더 오래 가며 견고한가는 두말할 필요도 없습니다. 제자를 세우는 것은 교회를 위하시는 하나님의 마음에 있는 일입니다. 교회가 추수할 일꾼을 배가하도록 하는 것이 하나님의 계획입니다. 우리는 어떤 일을 조용하게 작은 규모로 시작할 때에 조금도 두려워할 필요가 없습니다. 하나님께서 자신의 소유를 자라나게 하실 것입니다. "뿌리가 거룩한즉 가지도 그러하니라"(로마서 11:16).

배가할 수 있도록 다른 사람들을 가르치고 동기를 줄 수 있는 방법

제자가 있어야 다른 제자를 세울 수 있으므로 배가의 연쇄는 당신으로부터 시작합니다. 단 한 사람의 제자로부터 출발하십시오. 이 책에 소개된 몇 가지 지침들을 활용하면서, 당신의 삶을 그에게 쏟아 부으십시오. 시작할 때는 아래의 중요한 원리들을 사용해서 가르치고 동기를 부여해 주십시오.

이유를 설명하라. 예를 들면, 당신이 제자에게 기도하는 방법을 가르치는 경우에 기도하는 것이 왜 중요한가를 설명해 주십시오. 성경에는 기도해야 할 이유가 적어도 열다섯 가지 이상 있습니다. 함께 기도할 때 일정 기간에 걸쳐서 이런 이유들을 그와 나누도록 하십시오.

방법을 보여 주라. 예수님은 "나를 따르라"고 말씀하셨지, "내 말을 잘 들으라"고 하지 않으셨습니다. 우리는 행함을 통해서 배웁니다. 백문이 불여일견이란 격언이 있듯이 가르치는 것은 도저히 보여 주는 것을 대신할 수가 없습니다. "구두끈 매는 법"이라는 소책자를 본 적이 있습니까? 끈 매는 단계들을 묘사하기 위해 말을 꾸민다는 것이 어떨까 한번 상상해 보십시오.

당신의 제자가 매일 성경을 공부하도록 권면하고자 한다면, 그를 초청하여 당신이 어떻게 하고 있는가를 보여 주십시오. 그에게 기본적으로 알아야 될 다양한 성경공부 방법들을 가르치십시오. 그렇게 하지 않으면, 그는 다른 사람들이 먹여 주지 않으면 말씀을 섭취하지 못하는 가엾은 사람이 될 것입니다.

또한 실제 경험하게 함으로써 가르치십시오. 증거의 삶을 사는 사람이 그렇게 적은 이유는 대부분의 사람들이 영혼을 구하는 일에 관한 실제 경험이 없기 때문입니다. 당신의 교회 상담실은 마을에서 가장 신나는 곳이 되어야 합니다. 장래가 유망한 제자에게 이런 경험을 할 수 있도록 도우십시오. 그에게 다른 사람을 어떻게 그리스도께 인도하는지 보여 주십시오. 그를 데리고 어느 가정을 방문하여 당신이 증거할 때 그는 간증을 나누도록 하여 마침내는 그도 스스로 다른 사람을 그리스도께 인도할 수 있도록 하십시오.

시작하도록 도와주라. 당신의 제자에게 특정한 과제를 내어 주십시오. 이런 것들은 당신이 이미 해본 것이거나 현재도 하고 있는 일이라는 것을 그에게 알려 주십시오. 당신이 높은 수준으로 본을 보여 왔기 때문에, 그는 맡겨진 일을 탁월하게 완수하고자 할 것입니다.

그 과제를 해나가는 데 문제점이 있을 때, 당신이 어떤 식으로든 그를 도와줄 수 있는 자원을 가진 사람이라는 점을 그로 하여금 알게 하십시오.

그 주 내에 그에게 전화를 하십시오. 당신과 그와의 개인적인 관계를 한층 강화하십시오. 그가 필요로 할 때면 언제든지 시간을 내줄 수 있는 사람이 되십시오. 만약 그리스도께서 제자들이 자기에게 가까이할 수 없도록 격식화하고 제한하였다면, 복음은 로마를 비롯하여 온 세계에 전파되지 못했을지도 모릅니다.

지속적으로 해나가게 하라. 과제를 점검하십시오. 개인적인 보살핌이 중요합니다. 그를 만났을 때 일주일 내내 열심히 노력한 그의 수고를 그저 가볍게 보아 넘기는 것보다 어린 제자를 더 실망시키는 것은 없습니다. 사람들은 맡겨진 일이 나중에 점검받는다는 것을 알 때 그 일에 더 마음을 쓰게 됩니다.

내러모어 학교의 한 교사는 문제 아동과 부적응 아동을 가르치는 책임을 맡게 되었습니다. 이 유별난 책임을 맡은 교사는, 각각의 어린이들을 위해 기도하며 매일 헌신적으로, 그들이 해 오는 숙제의 몇 가지 면에 대해 칭찬해 주는 말을 적어 주었습니다. 때때로 지지리도 불량한 경우엔 단 한 마디의 말을 쓰는 것조차 어려웠지만, 이 사려 깊은 교사는 언제나 몇 가지 건설적인 말을 생각해 내었습니다. 점차로 그가 맡은 학급은 기적이라 할 수 있을 만큼 변화되었습니다. 어떤 어린이는 일 년 내내 자기 노트를 모아 두기도 했습니다.

학습 활동은 긍정적인 보상 체계를 통하여 향상됩니다. 누구에게든지 다른 사람을 혹평하는 것은 쉬운 일이지만, 진실로 다른 사람이 한 일에 대하여 그를 칭찬하기 위해서는 성령의 감화와 사랑이 필요한 것입니다.

가르치면서 동기를 주려면, 그를 전적으로 용납하십시

오. "물에 비취이면 얼굴이 서로 같은 것같이 사람의 마음도 서로 비취느니라"(잠언 27:19).

우리는 용납하지 않는 태도를 숨길 수는 없습니다. 이 말은 그를 전적으로 용납하기 위해서는 그가 하는 모든 일을 인정해 준다는 뜻은 아닙니다. 그리스도께서는 우리를 지극히 사랑하시며 우리를 용납하셨지만 우리 모든 죄는 그 앞에 있습니다(요한복음 13:1 및 로마서 5:6-8 참조).

진지하게 그의 말에 귀를 기울임으로써 당신이 용납하고 있음을 보여 주십시오. 당신은 입을 다물고 상대방이 이야기하도록 하십시오. 당신은 많은 것을 배울 것입니다!

당신의 제자를 긍정적으로 받으십시오. 당신의 아는 체하는 태도로 말미암아 그가 상처를 받지 않도록 하십시오.

우리가 결혼한 지 얼마 안 되었을 때, 아내는 나에게 자기가 성경공부를 통해서 방금 발견했던 새로운 진리를 신이 나서 설명해 주곤 했습니다. 그런 때 나는 가끔 이런 식으로 대답했었습니다. "아, 당신이 그걸 발견했다니 반가워. 하지만 난 12년 전 헬라어 동사를 찾으면서 알게 되었는걸." 아차! 나는 바로 그 자리에서 아내의 기쁨을 모질게도 꺾어 놓았던 것입니다.

그런 일이 있은 이후로 나는 아내가 성경 말씀을 나와 나눌 때 함께 즐거워하는 태도를 가져야 함을 배우게 되었습니다. 나는 또한 아내가 발견한 진리에 대하여 내가 전에 적용한 것을 점검하고 그것에 관하여 다시 함께 이야기합니다. 이런 식으로 할 때 아내는 격려를 얻고 나도 배울 수 있게 됩니다.
 나 자신도 격려받을 필요가 있는데, 많은 경우 인물 성경 공부를 하면서 하나님의 놀라우신 은혜가 성경의 각 사람의 삶 속에 함께한 것을 보고 격려가 되었습니다. 전기를 읽는 것도 격려를 받는 데 큰 도움이 됩니다. 하나님께서 자기의 영광을 위하여 평범한 사람을 사용하시는 초자연적인 능력을 볼 수 있기 때문입니다.
 배가하도록 가르치라. 그의 목전에 항상 영적 배가의 목표를 두도록 하십시오. 성경에서 얻은 자료 및 방법과 더불어 그가 배운 것을 앞으로 그가 만나게 될 제자에게 전달해 주는 방법을 가르쳐 주십시오.

당신의 교회에 제자 훈련의 불길을

당신의 교회를 폭넓은 제자 훈련 사역으로 이끄는 몇 가지 길이 있습니다.
 1. 주일학교나 기타 훈련 프로그램 등 기존 조직 및 모임을 이용하십시오.
 2. 당신이 제자로 훈련시키는 사람이 잃어버린 영혼들과 만날 수 있도록 방문 전도법을 활용하십시오.
 3. 수양회 또는 수련회를 이용하십시오. 매년 하루 내지 이틀간 갖는 수양회를 자주 하십시오. 이를 통하여 하나님께서는 제자후보생의 마음을 움직여 장차 배가 사역을 위한 성장 단계에 필수적인 여러 영역에 헌신할 수 있도록

해주실 것입니다.

4. 목사의 역할은 제자삼는 사역에서 결정적인 것입니다. 그는 교회 내에서 다른 사람이 따를 수 있는 본이 되어야 합니다. 당신을 인도하는 목사님의 영적인 성장을 위해 충성스럽게 기도하십시오. 목사 자신의 사역에서 지도자를 세우는 일을 우선순위에 두어야 합니다. 그는 교역자, 집사, 또는 장로들을 제자로 삼을 수 있고, 또한 한두 명의 평신도와 정규적으로 만나야 합니다.

5. 다른 사람을 제자삼고 있는 각 사람은 매달 함께 모여 진행되고 있는 내용을 나누어야 합니다. 장래의 교회 성장과 지도자를 준비시키는 일은 교회 내의 어떤 그룹보다도 바로 이 제자삼는 그룹의 영향력에 달려 있는 것입니다. 제자삼는 사역에서 영향을 받고 있는 모든 사람을 위하여 한 사람 한 사람씩 이름을 들어 가며 기도하십시오. 이 모임에서 한 달 동안 일어났던 일들을 나눌 때 서로에게 격려가 될 만한 긍정적인 사례들을 찾아보십시오. 모든 족속으로 제자를 삼으라 하신 그리스도의 명령을 다시 검토해 보십시오. 하나님께서 당신의 교회로부터 국내 및 해외 선교 그룹에 헌신할 사람을 불러 주시도록 기도하십시오.

칠판에 당신 교회에서의 배가 연쇄를 그려서 제자삼는 사역의 진보를 도표로 나타내십시오. 제4세대, 즉 디모데후서 2:2의 "또 다른 사람들"의 출현을 주의해 보십시오. 한두 사람에게 자신의 삶을 투자하고 있는 사람들을 귀하게 여기십시오.

시작은 바로 지금!

오랜 기도 후에, 배가자로 성장이 기대되는 한 사람을 택함으로써 시작하십시오. 그는 충성되고 잘 배우는 자이어야 합니다. 그리스도인의 기본 생활에 관한 과제를 주면서 일단 여섯 차례를 정규적으로 만나십시오. 그가 더욱 관심을 보이면 6개월 정도의 기간을 두고 만나십시오. 머지않아 당신은 그를 영적으로 돕는 데 하나님께서 당신을 사용하고 계시는지 아닌지, 그가 배가하는 일꾼으로서의 잠재력이 있는지를 알게 될 것입니다.

당신이 제자삼고 있는 사람과 정규적으로 만나십시오. 이런 지속적인 시간이야말로 그리스도 안에서 한 사람의 영적 성장과 성숙을 돕는 데 무한한 가치가 있습니다. 어떤 사람을 잘 아는 데에는 시간이 듭니다. 정규적으로 만나는 것만큼 중요한 것은 없습니다.

당신이 전화 또는 다른 사람들의 방문 또는 기타 일로 방해받지 않고 함께 이야기 나누고 기도할 수 있는 조용한 장소를 찾으십시오.

보통 한 시간이면 함께 이야기 나누고, 과제를 점검하고, 기도하며, 새로운 내용을 가르칠 수 있습니다. 문제를 해결하는 데만 시간을 몽땅 들이지 않도록 주의하십시오. 문제는 그때그때 해결해야 될 필요가 있겠지만, 바로 해결할 수 없는 어려운 문제라면 이를 위해 따로 시간을 마련하십시오. 일대일 사역에서의 훈련 시간의 기본적인 강조점은 성장을 촉진하고 말씀을 삶에 적용하도록 돕는 것입니다. 그러나 제자삼는 일은 그 시간으로 끝나는 것이 아닙니다. 그 이상의 오랜 시간을 들여 제자를 세워 주고 인도하는 일에 유용한 사람이 되도록 하십시오. 이 일에 자신을 헌신하십시오.

매년 한두 사람만을 대상으로 제자삼는 사역을 하십시오. 당신의 배가가 그러한 작은 출발에서부터 일어나도록 하십시오. 그 효과는 당신이 생각하는 것보다 빠릅니다. 6개월이 지나면 2명, 1년 지나면 4명입니다. 그 다음에는 8, 16, 32. 3년이 지나면 64명이 됩니다. 지난 3년 동안 당신의 영적인 삶에서 배가가 전혀 없이 지냈다면, 그 이유가 무엇인지 생각해 보십시오. 이제 영적 배가를 위해 당신이 시작할 수 있는 일이 무엇인지 생각해 보십시오! 당신의 영적 자손들이 머지않아 땅 끝까지 이르게 될 것입니다!

한 사람의 제자에게 집중하는 중에도 당신의 다른 그룹 훈련을 계속하십시오. 하지만 그룹을 대상으로 할 때는 한 제자에게 하는 것만큼 구체적이며 집중적으로 훈련시킬 수는 없을 것입니다.

개인 성경공부를 계획하여 당신의 제자와 함께 하도록 하십시오. 적어도 한 단계 앞서 행하여, 그의 질문 및 문제점들을 예상할 수 있도록 하십시오. 당신은 그가 따를 만한 모범과 본이 될 것입니다.

제자삼는 사역에 관한 여러 좋은 자료들을 활용하십시오. 개인적인 제자삼기를 격려하고 풍성하게 해줄 수 있는 자료들이 많이 있습니다. 그러나 하나님의 초점은 자료보다는 사람이라는 사실을 기억하십시오. 제자를 만드는 것은 제자이지 자료가 아닙니다. 개인 또는 그룹으로 제자삼는 사역을 통해 사람들의 영적 성장을 도와주는 데 널리 쓰이고 있는 자료들을 적절히 활용하십시오.

    제자로 하여금 개인 전도에 열심하도록 하십시오. 사도행전을 함께 읽으십시오. 그의 간증을 준비하게 하여 먼저 당신에게 나누도록 해보고, 함께 나가 전도하십시오. 처음에는, 당신이 증거하되, 어떻게 하는지 그에게 보이십시오. 다음에는 점차로 그가 하도록 하십시오. 시간을 내어 사람들을 방문하십시오. 이를 통해 장차 많은 세대들이 일어나게 될 것입니다. 그리고 이들이야말로 제자삼는 자가 자기 제자와 일주일에 한 시간을 헌신적으로 직접 복음 전파에 들인 결과 얻게 될 직접적인 열매들인 것입니다.

    하나님께서 당신에게 주시는 제자 팀에게 상기시켜야 될 것은, 그들의 목표는 교회가 그리스도의 사랑으로 충만하게 하는 것이라는 점입니다. 그들이 개인적으로 데살로니가전서 5:12-25의 실제적인 진리들을 전체 교회 생활에 개인적으로 적용하도록 도와주십시오. 성장이 이루어질 것입니다. 다른 이들도 사랑의 관심과 권면이 있는 교제에 끌려 들어오게 될 것이고, 그리하여 그리스도의 삶의 배가는 계속될 것입니다.

    지금까지 우리는 기도와 하나님의 말씀으로 흠뻑 젖은 삶을 통하여 어떻게 장래가 기대되는 배가자를 택할 수 있는지 살펴보았습니다. 우리는 또한 당신의 가족을 포함하여 제자를 찾을 수 있는 많은 곳들을 생각해 보았고, 평범하고 약한 사람이 하나님께 쓰임받을 수 있음을 알게 되었습니다. 우리는 제자의 삶 속에 세워져야 할 인격의 여러 자질들, 포괄적인 시야, 능력, 그리고 일관성과 지속성 등에 관하여 논의해 보았습니다.

주린 심령은 하나님께서 그의 삶을 위해 준비하고 계시는 모든 것을 원합니다. 그들은 고난, 사랑, 공부, 훈련 등을 인하여 기꺼이 값을 치릅니다. 바로 당신도 영적 양식을 섭취하고 그것을 나눠 주기 위해서 값을 치르길 원합니까?

연구와 토론을 위한 질문

1. 이 장에서 개괄적으로 소개한 다섯 단계 각각에 대하여 당신이 시행할 수 있는 한 가지 구체적인 예를 들고 그에 대하여 설명하십시오.

2. 당신이 그리스도인으로서 삶을 시작할 수 있도록 당신에게 동기를 주었던 것은 무엇입니까? 현재의 삶에서

당신에게 가장 효과적으로 동기를 주는 영향력은 무엇입니까?

3. 당신의 주일학교나 교회에서는 사람들을 격려하기 위하여 동기를 주는 도구로 어떤 것들을 사용합니까?

4. 적어도 한 사람 이상에게 그리스도와 좀 더 개인적으로 동행하도록 격려하기 위해서 당신은 무엇을 할 수 있겠습니까?

5. 요한 마가와 바울의 삶에서, 위로자로서 그리고 동기를 주는 자로서의 바나바의 역할에 대하여 토의해 보십시오(사도행전 4:36-37, 9:26-28, 11:22-26, 13:1-3, 15:25-26, 35-41 참조).

6. 신약성경에는 오늘날 우리들에게 제자삼는 사역을 하도록 동기를 부여해 주는 말씀이 수없이 많습니다. 당신에게 동기를 준 말씀을 몇 가지 나누어 보십시오.

7. 당신은 주일학교, 예배 설교 또는 그 밖의 교회 프로그램 속에 제자의 도 또는 제자삼는 것에 관해 동기를 주는 메시지를 어떻게 도입할 수 있겠습니까?

8. 큰 그룹이 아니라 한두 사람을 데리고 시작하는 것의 중요성(장점, 효과)에 대하여 토의해 보십시오.

제 **13** 장

누구든지
배가할 수 있다

"당신은 지금 당신 자신을 뭔가에
투자하고 있다. 자신의 삶을 투자한 대가로
당신이 얻고 있는 것은 무엇인가?"
-로이 로버트슨

누구나 다른 사람을 제자삼을 수 있습니다. 이에 관한 내용이 이 책의 전부라고도 말할 수 있습니다. 바로 당신의 지역교회에서 당신은 제자삼는 사역을 당장 착수할 수 있습니다.

우리는 어느 주일학교 교사를 통해서 일어났던 배가의 연쇄에 대한 이야기로부터 이 책을 시작했습니다. 또 다른 주일학교 교사에 관한 이야기로 이 책을 마무리하고자 합니다. 나에게 깊은 영향을 주어서 내가 영적 배가의 연쇄를 시작할 수 있도록 해준 사람의 이야기입니다.

내가 10살이었을 때, 주일학교에서 우리 반을 담당한 교사는 얼마 가지 못하고 자꾸만 바뀌었습니다. 우리는 다루기 골치 아픈 아이들이었습니다! 맨 나중에 우리를 담당하셨던 월런 선생님은 50대에 들어서신 얌전한 여선생님이라 쉽사리 우리에게 넘어갈 것처럼 보였습니다. 우리는 쉽게 그의 첫날 수업을 망쳐 놓았습니다.

그러나 선생님은 모든 것을 재빨리 바꾸어 놓았습니다. 선생님은 나를 찾아와 자기를 도와 학급을 조용하게 이끌어서 아이들이 성경 말씀을 잘 들을 수 있게 해달라고 부탁했습니다. 선생님은 아마 우리 반의 모든 아이들을 각각 만나서 똑같은 부탁을 하였던 것으로 짐작되는데, 왜냐하면 그 다음 주일에는 모두 다 조용하게 복음에 귀를 기울이기 시작했기 때문입니다. 선생님은 우리에게 예수님을 아주 쉽고 이해가 잘 되도록 설명해 주었기 때문에 그 첫 해에 우리는 모두 주님께 돌아오게 되었습니다. 다른 사람들이 그리스도를 향하도록 지속적으로 영향을 주는 사람들에게는, 다른 사람들에게 그리스도를 선명하게 나타내 주는 능력이 있는 모양입니다.

월런 여사는 임종을 앞둔 얼마 전 38년 동안 자기가 맡은 소년들을 위해 이름을 불러 가며 기도해 왔었다고 말해 주었습니다. 그분은 또한 그들이 모두 어디에 살며 어떻게 주님을 섬기고 있는가를 알고 있었습니다. 얼마나 많은 제자 배가의 연쇄가 그분의 주일학교 반으로부터 시작되었을까 상상해 보십시오!

평범한 그리스도인으로서 나의 영적 성장에 영향을 준 또 다른 한 사람은 브루스 밀러였습니다. 내가 브루스를 만난 것은 베일러 대학교에서 법률 공부를 할 때였습니다.

그는 나의 스피치 반에 함께 있었습니다. 나는 이 "설교 잘하는 친구"하고 비슷한 점이라곤 거의 없었는데도 언제나 이 브루스에게 끌려드는 듯 했습니다. 우리는 잠깐 동안 이야기를 나누었을 뿐이지만, 그와 헤어질 때면 언제나 내 마음은 뜨겁게 불타곤 했습니다. 주님께서는 그를 통하여 나에게 역사하고 계셨던 것입니다. 나는 브루스를 피해 다니기 시작했습니다. 하지만 그는 나를 어떻게 해서든지 찾아내는 것 같았습니다.

나는 아버지의 죽음과 어머니의 심한 병환으로 말미암아 받은 충격에 대하여 그와 함께 이야기를 나누었습니다. 나는 어린 누이동생이 친척들과 함께 살게 되었고 남동생은 자기 생각대로 집을 떠나갔으며, 그리고 나는 더 이상 법률 공부를 할 흥미가 없어졌다는 이야기 등을 그에게 해주었습니다. 이런 시련기에 브루스가 내게 베풀어 준 사랑과 관심으로 말미암아 내 마음은 열리게 되었습니다.

브루스는 나를 위해 기도하며, 말씀을 나누어 주고, 내게 훈련된 영적 삶을 보여 주면서, 내가 전폭적으로 그리스도께 헌신되도록까지 인도하는 일에 하나님께 쓰임을 받았습니다. 하나님께서 나를 주님의 사역으로 부르신 것은 대학교 생활을 몇 달 남겨 놓지 않고 있던 바로 이 때였습니다. 나의 삶의 방향은 영원토록 변했습니다. 브루스가 나에게 해주었고 또 다른 사람들과도 하고 있는 일이 바로 신약성경의 제자삼는 사역임을 곧 깨닫게 되었습니다. 그는 이 책에 설명된 바로 그 일들을 하고 있었던 것입니다.

    신학교에 있을 때 나는 새로운 방향으로 기도하기 시작했습니다. 나는 어느 수양회에서 네비게이토 선교회의 창시자인 도슨 트로트맨이 어떻게 수년 동안 미국 각 주를 위하여, 다음에는 세계의 여러 나라들을 위하여 구체적으로 기도해 왔는지에 대하여 들었습니다. 그는 하나님께 세 가지 일을 해주실 것을 구했습니다. 곧, 미국 내에서 일꾼들을 불러일으켜 주실 것과, 그들 중에서 많은 선교사가 파송되어 전 세계에서 주님의 일꾼들을 훈련시켜 세우는 것, 그가 기도한 각 나라에서 그를 사용해 주실 것을 위하여 기도했습니다.

    나는 이 비전을 받아들여 나의 기도 제목으로 삼았습니다. 캠퍼스 근처에 있는 내 방에서 나는 지도를 펴 놓고 무릎을 꿇고 기도하곤 했습니다. 나는 때로 다른 나라의 수도의 이름들을 손가락으로 짚어 가면서 기도할 때 좀 미련한 짓은 아닌가 하는 느낌이 들 때도 있었습니다.

    그 당시 나의 개인적인 삶이 다 잘 되어 가지는 못했습니다. 지속해서 일할 수 있는 직장이 없었습니다. 당회에서는 경험도 없는 신출내기 전도사를 거들떠보지도 않는 것 같았습니다. 그러나 하나님께서는 바로 이런 기간 동안 나의 모난 것들을 다듬어 주셨고 나의 비전을 넓혀 주셨습니다. 나는 잃어버린 바 된 세상을 위한 나의 기도가 꼭 응답되리라고 굳게 믿었습니다.

    하나님께서는 곧 도처에 흩어져 있는 주린 심령을 가진

사람들을 향하여 내 눈을 뜨게 해주셨습니다. 나는 다른 사람들을 도우려고 쫓아다니는 가운데 실수도 많이 했지만, 더 많은 것을 배웠습니다. 드디어 나는 한 지역교회를 담임하고 적극적으로 선교를 했습니다. 원하는 사람이면 누구든지 함께 개인적인 시간을 보냈습니다. 브루스가 나와 함께 했던 것들을 나는 그들과 함께 했습니다. 영혼들이 주께 돌아오게 되었고 그들의 삶이 변화되었습니다.

몇 년 후 나는 시카고에 있는 Pacific Garden Mission의 라디오 방송 선교를 위한 간단한 성경공부 시리즈를 고안하였습니다. 새로 그리스도인이 된 사람들의 양육을 도울 수 있도록 고안되어 모두 여섯 과로 된 요한복음 성경공부가 효과를 나타내기 시작했습니다. 실제로 1년도 채 지나지 않아 모든 주와 세계 9개국에서 이 성경공부를 통하여 그리스도를 믿게 되었다고 편지를 보내 왔습니다! 그들의 간증이야말로 지도를 펴 놓고 무릎을 꿇고 기도한 시간에 대한 응답이었던 것입니다. 이것은 단지 시작에 불과했습니다.

나는 서부 텍사스 출신의 맥스라는 키 큰 청년을 만났습니다. 그가 증거하는 삶을 살고 싶어 해서 나는 그에게 텍사스 A&M 대학교 학생들에게 복음을 전하도록 권면했습니다. 그를 제자로 삼기 위해 우리는 1년 내내 함께 시간을 보냈으며, 나는 그를 위해 기도했습니다. 바로 작년, 타이와 인도네시아를 방문했을 때, 학생들에게 복음을 전하는 일꾼들 중에서 "당신은 나의 영적 증조부입니다!"라고 말하는 사람들을 만났습니다. 그로부터 맥스까지의 영적 배가의 연쇄를 추적해 보았습니다. 현재 맥스는 오클라호마 대학교에서 캠퍼스 사역의 지도자로 수고하고 있습니다.

제자삼는 사역은 해가 갈수록 더욱 번창합니다. 왜냐하면 배가를 통하여 더욱더 풍성한 열매를 맺을 수 있기 때문입니다. 처음 얼마 동안 나는 초등학교 6년밖에 다니지 못한 기계공과 기사, 신학생 몇 명, 성경학교 학생, 그리고 맥스를 돕고 있었습니다. 나중에 신학생들은 전부 멕시코, 파나마, 베트남, 인도네시아, 브라질, 바베이도스 등 선교 현장으로 나가게 되었습니다. 그 기계공은 자기 교회에서 활동적인 집사가 되어 영적 지도자로서 섬기게 되었습니다. 그리고 기사는 제자삼을 수 있는 각 개인들과 직접 만날 수 있는 시간을 더 많이 갖기 위해서 학교로 갔습니다.

이런 일이 과연 교회에서 이루어질 수 있습니까? 물론입니다! 설교단은 단지 가르치고 복음 전하는 곳일 뿐만 아니라, 주님께서 그들의 삶 속에 역사하고 계시는, 주린 심령들을 낚는 곳이기도 합니다.

도회지의 큰 교회의 담임 목사로 섬기던 초기에, 전체 교인 앞에서 다음날 아침 6시에 목사실에서 나와 함께 깊이 있게 성경을 공부하고 싶은 사람이 있느냐고 물었습니다. 이렇게 하여 시작된 모임은 기껏해야 8명도 되지 않았지만, 몇 달이 지나면서 그들은 영적으로 성장해 갔습니다. 그들은 스스로 말씀을 섭취하는 습관을 갖게 되면서 삶이 변화하기 시작했습니다. 그들 대부분은 교회의 집사, 교사 그리고 각 부를 책임 맡은 지도자로 선임되었습니다. 나는 기도하는 가운데 이 성경공부 그룹 멤버 중에서 매년 2명씩을 선발하여 좀 더 개인적이고 집중적으로 일대일로 제자삼는 시간을 투자했습니다.

지금 우리 교회 출신으로 전임 사역자로 주님을 섬기고 있는 25명 중 대부분은 이 선발 그룹을 대상으로 사역한 결과 나오게 되었습니다. 다른 4명은 선교사로 나가 있습니다. 그리고 이 그룹을 통하여 매년 수백 명이 그리스도께로 돌아오고 있습니다. 우리는 13년 동안 매년 평균 100명 정도에게 세례를 주었습니다.

이 평신도들은 근처 교회에서 다른 사람들을 훈련시켜 상담과 양육을 할 수 있도록 도와주기 시작했습니다. (이 사역은 오늘도 계속되고 있습니다.) 이제 내가 사는 도시는 이런 소그룹 성경공부와 개인적으로 제자삼는 사역을 통하여 주님의 일에 헌신된 목사들 및 일꾼들로 둘러싸이게 되었습니다.

주님은 계속하여 내 기도의 다른 부분도 응답해 주고 계십니다. 나는 끊임없이 양육과 제자삼는 훈련에 관한 원리들을 나누어 달라고 해외로부터 초청을 받고 있습니다. 나는 지금까지 30개국 이상에서 말씀을 나누었고, 8개국 이상에서 개인적으로 가르쳐 왔습니다.

어떤 제자든지 그의 지역교회에서 성경의 원리들을 적용하여 그리스도 안에서 자기의 삶을 배가할 수 있습니다.

하나님께서는 모든 족속으로 제자를 삼게 될 남녀 일꾼들을 보내 주실 것입니다. 주 예수님께 구하고 주님을 믿으십시오.

이번 주부터 당신이 제자삼고자 하는 어떤 사람을 위하여 제가 당신과 함께 나누고 싶은 기도 내용은 다음과 같습니다. "너희 열조의 하나님 여호와께서 너희를 현재보다 천 배나 많게 하시며 너희에게 허락하신 것과 같이 너희에게 복 주시기를 원하노라"(신명기 1:11).

연구와 토론을 위한 질문

1. 당신의 영적인 삶을 계발하는 데 누가 가장 큰 영향을 주었습니까? 한두 명을 표시하십시오.

　　___ 어머니
　　___ 아버지
　　___ 주일학교 교사
　　___ 목사
　　___ 선교사
　　___ 친척
　　___ 친구
　　___ 친지
　　___ 기타

2. 이 각 사람들이 어떻게 당신에게 영향을 주었습니까?

3. 당신이 주님을 믿은 후 곧 양육을 받고 개인적으로 제자 훈련을 받았다면 오늘날 당신의 영적인 삶이 어떻게 달라졌을 것이라 생각합니까?

4. 만약 누군가가 당신을 양육하고 제자로 삼았다면, 그들은 어떻게 그 일을 했습니까?

5. 당신의 주일학교가 좀 더 양육과 제자삼는 일에 드려지도록 격려하기 위해서 어떤 필요들이 채워져야 합니까?

6. 당신은 지금 누구에게 영적으로 영향을 주고 있습니까? 다음 몇 가지 부류 중에서 하나를 택하고 그 사람의 이름을 적으십시오.
    ___ 가정
    ___ 직장
    ___ 학교
    ___ 교회

7. 당신은 누구를 위하여 매일 기도합니까? 그들을 위하여 기도할 때 다음 사항들을 질문해 보십시오.
   1) 그들의 가장 깊은 필요는 무엇인가?

   2) 이 필요를 채우는 데 내가 수행해야 할 역할은 무엇인가?

   3) 내가 수행해야 할 역할의 첫 단계는 무엇인가?

부 록

개인 및 그룹으로 제자삼는 사역

지도자를 세우는 일은 지역교회에서 절대적으로 중요하면서도 잘 채워지지 않는 필요입니다. 그룹으로 훈련시키는 것은 지도자 계발의 출발점이 될 수는 있지만, 몇 가지 제약이 있습니다. 개인적인 일대일 제자삼는 사역을 하기 위해서는, 효과적으로 지도자를 훈련시키는 데 많은 시간을 들이며 열중해야 합니다. 제자삼는 사역에 있어서, 우리는 자신이 제자로 삼는 사람이 성장해 가는 동안 계속적으로 중보기도와 격려하는 일에 자신을 헌신하여야 합니다.

그러면 어느 것을 해야 할까요? 그룹 사역? 개인 사역? 둘 중의 하나를 해야 할 것이 아니라 둘 다 해야 합니다. 개인적으로 제자삼는 사역과 그룹으로 제자삼는 사역은 서로 보완적입니다. 한 사람이 두 사역에 다 드려질 수 있는 것입니다.

개인적으로 제자삼는 사역의 이유

1. 지역교회의 어느 누구든 개인적으로 제자삼는 사역을 할 수 있습니다. 그가 할 일은 단순히 주님께서 그의 삶에서 이루시고 있는 일을 다른 사람과 나누는 것이며, 그가 이미 밟은 단계를 다른 사람에게도 가르쳐 인도하는 것입니다.

2. 개인적 사역은 교회에서 길 잃은 자, 병든 자, 가족을 여읜 자, 실망한 자, 그 밖에 필요를 가진 사람들에게 개인적으로 상담해 주는 일을 통해서 이미 모범적으로 이루어지고 있습니다. 그렇다면 영적 성장을 갈망하는 사람들에게 질적인 시간을 투자해야 마땅하다는 것도 당연한 논리적 귀결이라 할 수 있습니다.

3. 그리스도의 사역은 그의 제자들을 사랑함으로 그들을 위해 자기 목숨을 버리는 것이었습니다(요한복음 13:1 참조). 한 개인을 대상으로 제자를 삼는다는 것은 그리스도께서 자기 사람들 각자에게 헌신하셨던 것과 같은 헌신을 필요로 합니다.

4. 아무도 수많은 사람들을 상대로 밀접한 관계를 가지고 그들의 삶을 위해 쏟아 줄 수 있는 충분한 시간과 능력을 가지고 있지는 않습니다. 그러나 누구든지 한

사람을 도울 만한 시간은 낼 수가 있는 것입니다.

5. 개인적 사역에서는 친구로서의 친밀한 관계 및 선생과 제자로서의 엄격한 관계가 맺어질 수 있습니다.

6. 계획 수립, 시간 구성, 성경공부 과제 및 훈련들을 융통성 있게 조정할 수 있습니다. 이런 것들은 각 개인의 필요에 따라 바뀌거나 조정될 수 있습니다.

7. 개인적으로 제자삼는 사역의 방법은 누구나 쉽게 따라 할 수 있습니다. 우리는 누군가가 우리에게 해준 일을 다른 사람들에게 하는 것입니다.

8. 개인적으로 제자를 삼는 과정에서는 권고, 시정, 훈계 등을 신속하고 쉽게 할 수 있습니다.

9. 제자삼는 자는 삶을 통해 밝히 보여 줌으로써 전달해 주고자 하는 진리를 강화시킬 수 있습니다.

10. 제자에게 필요한 모든 것들이 개인적 사역을 통해 살며시 드러나게 됩니다.

11. 개인적으로 제자를 삼으면 그 관계와 결과가 더 오래 지속됩니다.

12. 내가 아는 바로는, 일대일 사역으로 제자를 삼는 것이 제자를 배가할 수 있는 영적 지도자를 계발하는 가장 빠른 방법입니다.

그룹으로 제자삼는 사역의 이유

1. 그룹 사역은 지역교회에서 가장 널리 이용되고 있는 방법입니다. 사람들은 이것에 부담을 느끼지 않고, 그 그룹 활동을 기대합니다.

2. 이것은 유동적인 방법입니다. 각 개인은 그룹이나 그 그룹에 함께하는 사람들과의 관계를 깨지 않으면서 그룹에 드나들 수 있습니다.

3. 이것은 사람들로 하여금 위협을 느끼지 않고 참석할 수 있게 합니다. 어떤 사람들은 일대일로 제자삼기에는 준비되지 못한 상태에 있습니다.

4. 그룹에서는 다양한 교육 방법을 사용할 수 있습니다.

5. 일반적인 진리를 한꺼번에 여러 사람에게 쉽게 가르칠 수 있어, 가르치는 사람으로서는 시간을 절약할 수 있습니다.

6. 여러 사람들이 탐구하고 적용한 것을 함께 나누는 성경 공부가 매우 고무적입니다.

7. 그룹 안에서 활력이 커져 갑니다. 함께 뭔가를 시도해 보려는 마음과 일체감이 생기게 되고, 이것이 한동안 침체되어 있었던 사람들에게 동기를 줄 수 있습니다.

8. 때로는 여러 사람을 대상으로 권면도 하고 책망도 하고 바로잡아 주는 것이, 일대일로 직접 맞부딪치는 방법보다 더 효과적이기도 합니다.

9. 그룹으로 하는 상담은, 서로의 필요에 더욱 관심 갖고 서로를 위해 기도하게 하는 효과를 얻을 수 있습니다.

10. 그룹 모임은 사람들을 좀 더 집중적인 일대일 관계 및 훈련 시간으로 이끄는 효과적인 통로입니다.

11. 성령께서는 많은 사람들을 가르쳐 본 경험 및 경력을 사용하실 수 있습니다.

12. 개인 사역을 위한 영적 은사가 다른 사람들의 은사와 균형을 이룰 수 있어 그룹의 능력과 사역의 효과가 더 증대됩니다.

본 출판사의 서면 허락 없이는 본서의 전부 또는
일부의 무단 복제, 또는 원문에 대한 무단 번역을 금합니다.

제자 배가의 원리

개정 1쇄 발행 : 2003년 5월 1일
개정 3쇄 발행 : 2015년 11월 5일

펴낸곳 : 네비게이토 출판사 ⓒ
주소 : 03784 서울시 서대문구 연희로 16 (창천동)
전화 : 334-3305(대표), 334-3037(주문), FAX : 334-3119
홈페이지 http://navpress.co.kr
출판등록 : 1973년 3월 12일 제10-111호

ISBN 978-89-375-0263-7 03230